KB110523

규장각

전통 명품의 보고(寶庫)

차례
Contents

개혁정치의 산실, 규장각

개혁의 꿈을 담은 왕실도서관

전각 규장각은 정조(1752~1800, 재위 1776~1800) 시대 '정치와 문화의 중흥'을 상징하는 공간이다. 정조는 11세의 나이에 아버지의 죽음을 목격하고 힘겹게 왕위에 올라 불안한 정치적 상황에 놓여 있었지만 개혁정치를 통해 왕권의 강화를 추진하고 학문과 문화에 기반을 둔 정치의 중흥을 꾀하였다.

1776년(정조 즉위) 3월, 창덕궁 후원에 설치된 규장각은 조선 후기 왕실 도서관이면서 학술 및 정책을 연구한 종2품의 관서였다. '규장(奎章)'이란 임금의 어필(御筆: 왕의 글씨)과 어제(御製: 왕이 직접 쓴 작품)를 가리키는 것으로 그것을 모아두는 제도는 중국에서 유래되었다. 숙종 시대 종정시(宗正寺)에 작은 건물을 별도로 지어 '규장각'이란 친필 현판을 걸고 역대 왕들의 어제와 어필 등을 보관하는 장소로 삼았으나 규모는 크지 않았다. 정조는 창덕궁에서 경관이 가장 아름다운 영화당 옆의 언덕을 골라 2층의 누각을 짓게 했다. 이 건물은 2층으로 되어 있었는데 1층이 규장각이고, 2층 누각이 주합루(宙合樓)였다. 정조가 규장각을 설치한 후 본격적으로 역대 왕들의 친필 서화(書畵)·고명(顧命)·유교(遺敎)·왕실의 족보·보감(寶鑑) 등을 관리했으며 검서관 등 관리들을 배치해 차츰 학술 및 정책 연구기관으로 발전시켜 나갔다. 『정조실록』을 통해 정조가 규장각을 설치한 이유를 알아보자.

하교하기를 "우리 선대왕의 운장(雲章)·보묵(寶墨)은 모두 소자(小子: 정조를 가리킴)를 가르쳐 주신 책이니 존경하고 믿고 공경하고 삼가는 바가 어찌 보통 간찰(簡札: 편지)에 비할 것이겠는가? 의당 한 전각(殿閣)을 세워 중국 송나라 왕조에서 선왕을 받드는 제도를 따라야 하겠으나 여러 왕들의 어제·어필에서 미쳐 존각에 받들지 못한 것을 송조에서 각 왕조마다 전각을 달리하는 것과 같게 할 필요가 없으니 한 전각에 함께 봉안(奉安)하면 실로 경비를 덜고 번거로움을 없애는 방도가 될 것이다. 아! 너 담당하는 관리는 창덕궁의 북쪽 후원에 터를 잡아 설계를 하라." 하고, 인하여 집을 세우는 것이나 단청하는 것을 힘써 검약함을 따르라 명하였는데

3월에 시작한 것이 이때에 와서 준공되었다. 처음에는 어제각(御製閣)으로 일컫다 뒤에 숙종 때 어편(御偏)을 따라 '규장각'이라 이름 하였는데, 위는 다락이고 아래는 툇마루였다.

-『정조실록』, 1776년 9월 25일

규장각은 원래 왕실도서관에서 출발했지만 정조는 이곳을 학술 및 정책 연구기관으로 발전시켰다. 역대 도서들을 수집하고 연구하는 기관이자 정조의 개혁정책을 뒷받침하는 핵심 정치기관으로 거듭난 것이다. 정조는 "승정원이나 홍문관은 근래 관료 선임법이 해이해져 종래의 타성을 조속히 지양할 수 없으니 왕이 의도하는 혁신정치의 중추로써 규장각을 창건하였다."고 말하기도 했다. 정조는 당파나 신분에 구애 없이 젊고 참신한 인재들을 모아 개혁정치의 파트너로 삼았다. 규장각에서는 정약용을 비롯해 걸출한 학자들이 많이 양성됐으며 특히 박제가·유득공·이덕무·서이수와 같은 서얼들도 적극 등용했다. 규장각은 이제 조선 후기 학술과 문화중흥을 이끌어 가는 두뇌집단의 산실이 된 것이다. 규장각의 가장 중요한 업무는 역대왕들의 글이나 책 등을 정리하고 이를 바탕으로 개혁정치의 방향을 설정하는 것이었다. '법고창신(法古創新: 옛 법을 본받아 새것을 창출한다)'은 규장각을 설립한 취지에 가장 부합되는 정신이었다.

정조는 규장각에 힘을 실어 주기 위해 당대 최고의 인재들을 이곳에 발탁하였을 뿐만 아니라 아무리 관직이 높은 신하라도 함부로 규장각에 들어올 수 없게 함으로써 외부의 정치적

창덕궁 내 규장각(奎章閣)과 주합루(宙合樓)

간섭을 배제하였다. 또한 '객래불기(客來不起: 손님이 와도 일어나지 말라)' '각신재직대관좌의(閣臣在直戴冠坐椅: 각신은 근무 중에는 반드시 관을 쓰고 의자에 앉아 있으라)' '범각신재직 비공사무득하청(凡閣臣在直 非公事毋得下廳: 각신은 근무 중에 공무가 아니면 마루를 내려가지 말라)' '수대관문형 비선생무득승당(雖大官文衡 非先生毋得升堂 : 비록 고관 대신일지라도 각신이 아니면 당 위에 올라오지 못한다)'와 같은 현판을 직접 내려 규장각 신하들이 학문에만 전념할 수 있도록 배려하였다.

규장각의 조직과 부속 건물들

규장각의 역사와 연혁을 정리한 『규장각지(奎章閣志)』에 의하면 규장각신(閣臣) 6원(員), 규장각 잡직(雜織) 35원, 규장각 이속(吏屬) 70인, 교서관 14원, 교서관 잡직 11원, 교서관 이속 20인으로 인원을 규정하고 있다. 가장 핵심인 각신 6원에는 제학(提學) 2인, 직제학(直提學) 2인, 직각(直閣) 1인, 대교(待教) 1인이 포함되었다. 홍문관 대제학이나 홍문관, 예문관의 제학에 천거된 사람을 임명하는 등 각신들은 삼사(三司)보다도 오히려 청요직(淸要職)으로 여겨졌다. 잡직 35원에는 직감(直監) 2원, 사권(司卷) 2원, 검서관(檢書官) 4원, 영첨(令籤) 2원, 검률(檢律) 1원, 사자관(寫字官) 8원, 화원(畵員) 10원, 감서(監書) 6원이 배치되었다. 이속 70인에는 서리(書吏) 10인, 서사리(書寫吏) 10인, 겸리(兼吏) 6인, 정서조보리(正書朝報吏) 2인, 각동(閣童) 4인, 직(直) 2인, 대청직(大廳職) 2인, 사령(使令) 15인, 인배(引陪) 4인, 간배(間陪) 4인, 조라치(照羅赤) 2인, 방직(房直) 2인, 수공(水工) 2인, 군사(軍士) 7인, 구종(丘從) 6인으로 구성되었다. 교서관을 규장각의 외각으로 두고 관원과 잡직, 이속을 배치한 것은 규장각의 출판 기능을 강화하기 위해서였다. 정조는 서얼 출신인 박제가·유득공·이덕무·서이 등을 검서관으로 발탁하였는데, 정조 사후 규장각이 위축된 상황 속에서도 검서관은 그 기능을 계속 수행해 갔다.

규장각의 기본 역할은 서적 관리였으므로 『규장각지』에도 서적에 관한 규정이 많다. 어제와 어진(御眞)을 보관하는 절차에 관한 '봉안(奉安)', 어제의 편찬에 관한 '편차(編次)', 일반 서적의 편찬과 관리에 관한 규정인 '서적(書籍)'이 그것이다. 규장각 각

신들은 비서기관인 승정원의 승지 이상으로 왕과 친밀한 관계를 유지해 왕과 정사를 토론하였고, 교서(敎書)를 대신 작성하기도 했으며 각종 정책결정이나 편찬·간행에도 깊이 관여하는 등 광범위한 업무를 수행했다.

규장각의 도서 출판 기능을 위해서는 예조 소속의 출판 전담 관서이던 교서관을 규장각의 속사(屬司)로 삼고, 정유자(丁酉字, 1777년), 한구자(韓構字, 1782년), 생생자(生生字, 1792년), 정리자(整理字, 1795년) 등의 새로운 활자를 만들어 수천 권에 달하는 서적을 간행했다. 많은 양의 국내외 도서가 수집·간행됨에 따라 이를 체계적으로 분류하고 목록화하는 작업도 이루어졌다. 정조 시대 규장각에서 수행된 저술 활동의 규모를 보여주는 대표적인 책으로 『군서표기(群書標記)』가 있다. 『군서표기』에는 어제서(御製書)와 명찬서(命撰書) 151종 3,960권이 기록되어 있어 정조 시대의 왕성한 연구와 출판 성과를 잘 보여주고 있다.

규장각은 규장각 신하들인 각신(閣臣)들이 모여 연구를 하는 규장각 이외에 여러 부속 건물이 있었다. 우선 창덕궁의 정문인 돈화문 근처에 사무실에 해당하는 이문원(摛文院)을 두었고, 역대 왕들의 초상화와 어필 등을 보관한 봉모당(奉謨堂)을 비롯해 국내의 서적을 보관한 서고(西庫)와 포쇄(暴灑: 병충해나 습기로부터 보호하기 위해 실록을 바람에 말리는 일)를 위한 공간인 서향각(書香閣), 중국에서 수입한 서적을 보관한 개유와(皆有窩)와 열고관(閱古觀), 그리고 휴식 공간으로 부용정(芙蓉亭)이 있었다. 이 중에서 개유와와 열고관에는 청나라에서 수입한 『고금도서집

「동궐도」에 그려진 규장각과 부속 건물

성(5,022책)』 등을 보관하였는데, 이러한 책들은 청나라를 통해 들어온 서양의 문물을 연구하는 데 큰 도움이 되었다.

부용정에서는 정조가 규장각 신하들과 그 가족들을 불러 함께 낚시를 즐기기도 했다. 『정조실록』에는 정조가 규장각 앞 연못인 부용지에서 신하들과 더불어 낚시를 즐기던 모습이 잘 나타나 있다.

내원(內苑)에서 꽃구경을 하고 낚시질을 하였다. 여러 각신(閣臣)의 아들·조카·형제들도 참여하였는데 모두 54인이었다. 또 특별히 영의정 홍낙성(洪樂性)과 직부(直赴) 이시원(李始源)을 불렀는데, 영상은 연치(年齒)나 덕망(德望)에 있어 모두 높기 때문에 매년 이 모임에 번번이 불러들여 참여시켰으며 시원은 인망을 쌓아 규장각의 관리로 뽑혔기 때문이었다. 상이 이르기를 "올해야말로 천 년에 한 번 있을까 말까 한 경사스러운 해이다. 그러니 이런 기쁜 경사를 빛내고 기넘하는 일을 나의 심정상 어찌 그만둘 수 있겠는가. 매년 꽃 구경하고 낚시질하는 놀이에 초청된 각신의 자질(子姪)이 아들이나 아우나 조카에만 한정되다가 올해에 들어와 재종(再從)과 삼종(三從)으로까지 그 대상이 확대된 것 역시 대체로 많은 사람들과 함께 즐거움을 나누려는 뜻에서이다." 하였다. ……… 나는 춘저(春邸: 세손) 때부터 어진 신하를 내 편으로 하고 척리(戚里)는 배척해야 한다는 의리를 깊이 알고 있었다. 그래서 즉위 초에 맨 먼저 내각(內閣: 규장각)을 세웠던 것이니 이는 문치(文治) 위주로 장식하려 해서가 아니라, 대체로 아침저녁으로 가까이 있게 함으로써 나를 계발하고 좋은 말을 듣게 되는 유익함이 있게끔 하려는 뜻에서였을 뿐이었다. 그리하여 좋은 작위(爵位)로 잡아매두고 예우하여 대접하면서 심지어는 한가로이 꽃구경하고 낚시질할 때까지도 각신(閣臣)과 함께 즐거움을 같이 하고 그들의 아들·조카·형제 역시 모두 연회에 참석하도록 허락하였던 것이었다. 그리하여 예법을 간소화하여 은혜로 접하고 한데 어울려 기뻐하고 즐기는 것을 매년 정례화하고 있으니 이런 대우와 사랑이야말로 예로부터 인신(人臣)으로서는 얻기 힘든 것이었다고 하겠다. …… 또 부용정(芙蓉亭)의 작은 누각으로 거둥하여 태액지(太液池)에 가서 낚싯대를 드리웠다. 여러 신하들도 못가에 빙 둘러서서 낚싯대를 던졌는데, 붉은색 옷을 입은 사람들은 남쪽에서 하고 초록색 옷을 입은 사람들은 동쪽에서 하고 유생들은 북쪽에서 하였다. 상이 낚시로 물고

기 네 마리를 낚았으며 신하들과 유생들은 낚은 사람도 있고 낚지 못한 사람도 있었다. 한 마리를 낚아 올릴 때마다 음악을 한 곡씩 연주하였는데, 다 끝나고 나서는 다시 못 속에 놓아 주었다. 밤이 되어서야 자리를 파했다.

— 『정조실록』, 정조 19년(1795년) 3월 10일

위에서 '천 년에 한 번 있을까 말까 한 경사스러운 해'라는 것은 1795년 윤 2월 어머니 회갑을 맞아 화성 행차를 다녀온 것을 의미하는 것이다. '부용정의 작은 누각으로 이동하여 태액지에 가서 낚싯대를 드리웠다'는 기록을 통해 정조와 신하들이 규장각 주변에서 휴식을 취하며 군신 간에 화합을 도모하는 모습을 떠올릴 수 있다.

초계문신제의 실시

정조는 젊은 관리들이 규장각에서 재교육을 받는 제도인 초계문신(抄啓文臣)제를 새로 만들기도 했다. 이는 이미 과거를 거친 사람 가운데 당하관(堂下官) 출신으로 37살 이하의 젊은 인재를 뽑아 3년 정도 특별 교육을 시키는 제도였다. 초계문신으로 선발된 이들은 본래 직무를 면제하고 연구에 전념하게 하되, 1개월에 2회의 구술고사인 강경(講經)과 1회의 필답고사인 제술로 성과를 평가하였다. 정조가 친히 강론에 참여하거나 직접 시험을 보여 채점하기도 했다. 교육과 연구의 내용은 물론

유학을 중심으로 했으나 문장 형식이나 공론에 빠지는 것을 경계하고 경전의 참뜻을 익히도록 했으며, 40세가 되면 졸업시켜 익힌 바를 국정에 적용하게 했다. 오늘날 공무원 재교육 제도와 유사한 이 제도의 시행을 통해 정조는 학문적 성과를 바탕으로 한 개혁정치를 추구했다. 초계문신제는 1781년 시작되어 정조가 사망한 1800년까지 19년 동안 10여 차례에 걸쳐 이루어졌으며 총 138명이 뽑혔는데, 이들의 명단은『초계문신제명록(抄啓文臣題名錄)』에 기록되어 있다.

초계문신제는 정조의 친위세력을 양성하는 정치적 장치이기도 했는데 이를 통해 정약용이 배출되었다. 이외에도 서유구, 홍석주, 김조순, 김재찬 등 초계문신을 거친 인물들은 당대 최고의 학자와 관료가 되어 19세기 정치와 문화를 주도하였다. 초계문신제는 정조 사후 세도정치 시기에 일시 중단되었다가 헌종이 정조를 모델로 왕권강화 정책을 추진하던 중 1847년(헌종 13)과 이듬해 두 차례에 걸쳐 56인을 선발한 바 있으나 후대로 이어지지는 못했다. 규장각의 설치와 초계문신제의 시행을 통해 정조는 학자와 학문 연구에 대한 지원을 아끼지 않았고, 법고창신(法古創新)의 정신에 바탕을 둔 개혁정치를 추구하였다. 정조 시대의 역사는 학문과 문화에 대한 적극적인 투자가 정치의 성공을 좌우하는 주요한 요인이었음을 증언하고 있다.

정조 이후의 규장각

정조 사후 세도정치기 동안에는 정조의 정치 이념을 유지한다는 명목상 기능만 남은 채 규장각의 실질적인 기능은 유명무실화되었다. 초계문신제가 사실상 폐지되고, 규장각의 실무를 담당하는 잡직들이 대폭 감축됐다. 사권, 영첨, 감서 등의 잡직이 폐지되고 각감과 검서관, 사자관 8명, 화원 10명, 형조에서 파견된 검률 1명만 남게 되었다. 세도정치기에 규장각의 활동은 대폭 축소되었고, 편찬물의 양이나 질도 현저하게 떨어졌다.

고종 즉위 후에는 종친부(宗親府)와 홍문관의 기능 강화를 통해 왕권을 높이려 했던 대원군의 정책에 따라 규장각의 위상은 크게 약화되었다. 대원군은 1864년 종부시를 종친부에 합치고, 창덕궁에 있던 규장각의 현판을 종친부로 옮겼다. 고종의 친정(親政) 이후 규장각은 고종이 추진한 개화정책의 중심 기관으로써 개화서적 수입을 주도하는 등 그 기능과 위상이 회복되었다. 고종대의 규장각 건물들은 경복궁에서는 수정전(→관문각 →가회정→협길당→집옥재)을, 창덕궁에서는 서향각을 중심으로 재배치되었다. 그리고 이러한 건물 배치는 1894년 갑오개혁 때까지 지속되었다. 하지만 정치적 선도 기구로서의 기능은 예전과 같지 않았고, 차츰 왕실 도서관으로서의 기능만 남게 되었다. 규장각은 1894년(고종 31) 갑오개혁 때 궁내부에 소속되었고, 이듬해 규장원(奎章院)으로 변경되었다가 1897년(고종 34)에 규장각으로 환원되었다.

규장각에 대변동이 일어난 것은 고종이 강제 퇴위를 당한 1907년 이후였다. 1907년 궁내부 관제가 개편되면서 규장각은 홍문관의 업무기능을 통합해 조직이 확대되었다. 일제는 1908년 9월 규장각 조직을 좀 더 정비해 규장각 내에 전모과(典謨課), 도서과, 기록과, 문서과 등 4개의 과(課)를 설치했다. 일제가 규장각 도서에 대한 점검과 목록 작성의 필요성을 인식했기 때문이다. 규장각 조직이 확대되면서 규장각은 본래 규장각 도서 이외에 홍문관, 시강원, 집옥재, 사고(史庫) 등의 도서까지 관장했다. 이들 도서들은 1909년 11월 경사자집(經史子集)의 분류체계에 의거해 『제실도서목록(帝室圖書目錄)』으로 간행되었다. 1910년 일제가 대한제국을 강점한 이후 규장각은 폐지되었고, 소장도서들은 이왕직(李王職) 서무계 도서주임이 관리하도록 조치했다. 1911년에 조선총독부 취조국(取調局)이 규장각 도서를 인수했고, 1922년 11월부터는 학무국에서 규장각 도서를 관리하다가 1928년부터 1930년 사이에 경성제국대학 도서관으로 이관했다.

규장각 제도가 무너지고 규장각 도서들이 경성제국대학 도서관으로 이관되면서 창덕궁이나 규장각 등에 있던 규장각 관련 시설들은 수난을 당했다. 규장각 각신들의 사무실로 활용되던 이문원 자리에는 창덕궁을 관리하는 경찰서가 들어섰다. 이문원(摛文院) 부근에 있던 각신들의 기숙사였던 대유재(大猷齋)와 소유재(小猷齋)도 헐려 나가고, 그 자리에는 세심관(洗心館)으

열고관(閱古觀)과 개유와(皆有窩)의 복원도
(출처: 김영택 화백, 종이에 먹펜, 36×48cm, 2008)

로 불리는 검도장이 들어섰다. 창덕궁 후원에 있던 규장각은
총독부 관리들의 연회 장소가 됐으며 서책을 포쇄하던 곳인
서향각(書香閣)은 1911년부터 순종의 왕비가 누에를 치는 선잠
소(先蠶所)로 변했다. 규장각 남쪽 언덕에 있던 열고관(閱古觀)과
개유와(皆有窩), 서고(西庫) 등의 도서관 건물은 모두 헐어버렸다.
이들 건물은 아직도 복원이 되지 않은 상태다.

1945년 광복과 함께 규장각 경성제국대학 부속도서관에서
서울대학교 도서관으로 인계된 규장각 도서들은 1992년 서울
대학교 안에 '규장각'이라는 건물이 신축되면서 옮겨왔고, 규장
각은 자료 보관과 학술 연구기관으로 발전했다. 2006년 '규장
각한국학연구원'이 설립되면서 한국학 연구시스템을 보다 체계

화하고 있다. 규장각한국학연구원은 정조 시대에 설립된 규장
각의 정신을 계승하면서 한국학 연구의 중심기관으로 그 위상
을 높여가고 있다.

강화도 외규장각의 설치와 어람용 의궤의 운명

외규장각을 지은 까닭은?

1782년(정조 6년) 2월 당시 국왕 정조의 비상한 관심 아래 추진된 '강화도 외규장각 공사의 완공'을 알리는 강화유수(江華留守)의 보고가 올라왔다. 1781년 3월 정조가 강화도에 외규장각의 기공을 명령한 지 11개월이 지난 즈음이었다. 이를 계기로 강화도 외규장각에는 왕실의 자료들을 비롯해 주요한 서적들이 보다 체계적으로 보관되었으며, 이후 100여 년간 외규장각은 조선 후기 왕실문화의 보고(寶庫)로 자리를 잡게 되었다. 1784년에 편찬된 『규장각지』에 따르면 외규장각은 6칸 크기의 규모로 행궁(行宮) 동쪽에 자리를 잡았다고 한다. 1776년 즉위

직후 정조는 창덕궁 내에 왕실도서관이자 연구소 성격의 규장각을 짓고 이곳을 중심으로 학술·문화운동을 주도했다. 그러나 늘 정조의 마음에 걸린 것은 규장각이 궁궐 내에 위치해 있기 때문에 전쟁이나 변란의 안전지대가 되지 못한다는 점이었다. 조선 후기 보장지처(保障之處)로 인식되면서 국방상 가장 안전하다고 판단된 강화도에 외규장각을 지은 것도 정조가 왕실자료의 안전을 최우선으로 했기 때문이다. 이로써 외규장각은 창덕궁에 위치하면서 조선 후기 문화운동을 선도한 규장각의 분소와 같은 성격을 띠게 되었다. 이곳을 '규장외각' 또는 '외규장각'이라 부른 것도 이러한 이유에서였다.

강화도는 고려시대 몽고족의 침입을 위해 고려 왕실이 임시 수도로 정한 곳일 뿐만 아니라, 1627년의 정묘호란과 1636년 병자호란 때 조선 왕실의 피난처이기도 했다. 이곳에 대한 왕실의 신뢰는 그 정도로 컸다. 따라서 정조대 이후에는 왕실에서 이미 보관하고 있던 자료 중 어제(御製), 어필(御筆), 어람용(御覽用) 의궤(儀軌) 등 비중 있는 자료들을 집중적으로 보관하기 시작했다.

의궤는 조선 왕실의 주요 행사를 기록과 함께 그림으로 정리한 책인데 2007년 세계기록유산으로 지정되었다. 혼례식, 장례식 등의 행사가 끝나면 5부에서 8부의 의궤를 만들어 사고(史庫)와 관련 부서에 보관했다. 그런데 특별히 왕이 열람하는 의궤(어람용 의궤)는 강화도 외규장각에 보관했다. 어람용 의궤는 고급 초주지(草注紙)를 사용하고 사자관(寫字官)이 정성을 들

어람용 의궤		
구분	재료	단위
책표지감	초록경광주(草綠經光紬)	2척 2촌
제목감	백경광주(白經光紬)	길이 7촌 너비 1촌
홍협(紅挾)감	홍경광주(紅經光紬)	길이 7촌 너비 5푼
면지감	초주지	2장
후배(後褙)감	옥색지	1장
가장자리 부분	두석(豆錫)	
기타	국화동(菊花童) 박철원환(朴鐵圓環)	

분상용 의궤		
구분	재료	단위
책표지감	홍정포(紅正布)	2척 2촌
배접감	백휴지(白休紙)	6장
면지감	저주지	2장
후배(後褙)감	옥색지	1장
기타	정철, 변철, 박철원환(朴鐵圓環), 합교말(合膠末)	합교말 3승

『영조정순왕후가례도감의궤』 제작 시
어람용 의궤와 분상용 의궤에 들어간 재료의 비교

여 글씨를 쓴 다음 붉은 선을 둘러 왕실의 위엄을 더했다. 어람
용은 장정 또한 호화로웠다. 놋쇠 물림(경첩)으로 묶었으며 원환
(圓環), 5개의 국화동(菊花童) 등을 사용해 장정했다. 표지는 비
단으로 화려하게 만들어 왕실의 품격을 한껏 높였다. 어람용
이 아닌 분상용 의궤에는 초주지보다 질이 떨어지는 저주지(楮
注紙)가 사용됐으며 검은 선을 두르고 삼베를 쓰는 것이 일반적
이었다. 국가의 주요 행사를 기록한 만큼 일반 의궤의 장정이나
글씨도 뛰어나지만 어람용 의궤의 경우에는 문외한이라도 그
화려함과 품격에 감탄을 금할 수 없다.

현재 규장각에 소장된 1857년과 1858년에 작성된 『강화부

외규장각봉안책보보략지장어제어필급장치서적형지안(江華府外奎章閣奉安冊寶譜略誌狀御製御筆及藏置書籍形止案)』에 따르면 당시 외규장각에는 의궤류를 비롯해 총 6,000여 서책이 방위별로 설치한 탁자에 보관되어 있었던 것으로 나타난다.

프랑스군이 약탈한 외규장각

그러나 강화도에 외규장각을 설치하여 보다 안전하게 왕실의 주요 자료들을 보관하려던 조선 왕실의 예측은 빗나갔다. 근대 서양 열강의 침략이 시작되면서 서울의 관문 강화도는 침략의 전진 기지가 되었다. 1866년 프랑스 함대의 침공으로 촉발된 병인양요는 외규장각을 잿더미로 만들고 말았다. 그러나 전쟁의 와중에도 프랑스군은 화려한 표지와 반차도(班次圖)가 있는 어람용 의궤 300여 책을 본국으로 가져갔다. 제국주의 시절 프랑스는 침략한 국가의 문화재를 약탈하는 것을 관례화하고 있었던 것이다. 현재 파리 루브르 박물관에는 제국주의 시대의 약탈 문화재가 다수 소장되어 있다.

1866년 강화도를 침공했던 프랑스의 해군장교 주베르가 "이곳에서 감탄하면서 볼 수밖에 없고 우리의 자존심을 상하게 하는 것은 아무리 가난한 집에라도 어디든지 책이 있다는 사실이다"라고 고백한 내용은 지금도 많은 울림을 주고 있다. 그만큼 조선인들은 누구나 책을 가까이 했으며 이러한 조선 문화의 최선봉에 규장각과 외규장각이 있었음을 기억해야 할 것이다.

어람용 의궤, 약탈에서 귀환까지

1866년 프랑스 함대가 조선의 강화도에 쳐들어오면서 병인양요가 시작되었다. 프랑스군은 국토를 유린했을 뿐만 아니라 이곳에 있던 최고의 문화재인 외규장각 의궤를 집중 약탈해갔다. 프랑스 군대는 6,000여 책의 왕실 도서가 보관되어 있던 규장각에 방화하는 만행을 저지르는 가운데 프랑스로 가는 배에 의궤들을 실어 날랐다. 외규장각이 화염 속에 사라져버린 것이다.

이후 의궤의 목록은 존재했지만 실물의 존재에 대해서는 알려진 바가 없었다. 프랑스에서도 의궤를 방치했기 때문이다. 그러다 재불학자 박병선 박사의 헌신적인 노력으로 1975년 외규장각 의궤의 소재가 확인됐다. 박병선 박사는 의궤의 목록을 만들어 세상에 공개했고, 이는 이후 진행된 의궤 반환의 주요한 근거로 제시되었다. 1991년 서울대학교에서는 프랑스 정부를 상대로 외규장각 의궤 297책의 반환을 공식 추진했고, 1993년 프랑스 미테랑 대통령은 『휘경원원소도감의궤』 2책을 들고 국내를 방문했다. 고속철도 부설권을 얻기 위한 정치적 의도가 개입된 것으로, 당시 의궤의 반환이 가능할 것처럼 보였다. 그러나 미테랑 대통령이 사망한 후 프랑스에서는 반환에 미온적인 입장을 보였고, 이후 20년 가까이 한국과 프랑스 사이에 길고 긴 반환 협상이 추진되었다.

필자는 2002년 외교부의 후원 하에 두 차례에 걸쳐 외규장각 의궤 실물 조사에 나섰다. 박병선 박사의 의궤 목록 제시 후 국내 학자 중 제대로 의궤를 본 경우가 없었고, 반환의 예비 단계로 보다 정확한 목록을 만들기 위해서였다. 실사 결과 외규장각 의궤에는 기존에 알려진 것과 달리 어람용 의궤 이외에 분상용 의궤 5종 5책과 등록(謄錄) 1책, 외규장각형지안(外奎章閣形止案) 2종 2책이 포함되어 있는 것으로 확인되었다. 또 조사 결과 대부분 의궤의 표지가 개장된 것도 확인되었다. 원래 비단 표지를 한 의궤는 7종 12책에 불과했는데 아마도 프랑스로 운송하는 과정에서 물에 젖었거나 일부 의궤에 불에 그슬린 흔적이 있었기 때문으로 풀이된다.

1992년 이후 20년 가까이 의궤 반환 문제는 한국과 프랑스 정부 간의 최대 이슈로 부각되었고, 양국 정부는 의궤 반환 협상 테이블에서 만났다. 2001년에는 외규장각 의궤의 가치와 맞먹는 등가등량(等價等量)의 문화재를 맞교환하는 방식의 환수 방식이 제기되었으나 국내의 부정적인 여론에 밀려 성사되지 못했다. 이후에도 우리 측에서는 '영구대여'라는 방식으로 의궤의 반환을 요구하기도 했지만 쉽게 합의점을 찾지는 못했다. 2005년에는 양국 정부가 297책의 의궤 중 국내에서 소장하지 못한 의궤(유일본의궤) 30책의 디지털화 사업을 추진했지만 원본을 확보하지 못한 아쉬움은 여전했다. 프랑스 측이 무엇보다 한국 측에 반환을 꺼린 이유는 프랑스가 보유하고 있는 약탈문화재가 워낙 많기 때문이다. 의궤의 반환이 다른 문화재 반환의 선례가 되는 것을 우려해 프랑스 측은 거듭 미온적인 입장을 보인 것이다.

　그러다 2010년 11월, G20 정상회의 기간 중 프랑스 측은 드디어 의궤의 한국 반환에 합의했다. 20년 가까이 학계와 머리를 맞대며 의궤 반환을 적극 추진한 외교부의 노력과 문화계, 언론계, 시민단체의 노력이 결실을 보는 순간이었다. 의궤 반환의 세부 협상 결과, 의궤는 2011년 4월부터 5월까지 4차례에 걸쳐 한국으로 돌아왔고 국립중앙박물관에서는 2011년 7월 14일부터 2개월간 특별전시회를 개최했다. 비록 '반환'이라는 용어는 사용하지 않고, 우리 측이 시종일관 요구한 '영구임대' 방식에서도 일부 후퇴한 '5년마다의 대여' 방식을 취했지만 145년 만에 의궤가 한국에 돌아왔다는 사실이 무엇보다 중요했다. 2006년 오대산본 『조선왕조실록』과 북관대첩비 등 일부 문화재가 반환된 사례는 있었지만, 이처럼 지속적인 노력의 결

2011년 외규장각 도서 귀환을 축하하는 행사

과로 조선 왕실의 상징적인 문화재가 돌아온 사례는 앞으로의 문화재 반환에 있어서도 중요한 근거가 될 것으로 보인다. 특히 2011년 12월에는 일본 궁내청에 보관되어 있던 도서 1,205책이 돌아와 문화재 반환에 있어서 2011년은 커다란 전기를 마련한 해로 기억된다.

외규장각 의궤는 반환 이후의 활용이 무엇보다 중요하다. 의궤는 조선 왕실의 행사 기록물인 만큼 일반 감상용이나 전시용 문화재와는 차이가 있다. 의궤 연구자가 의궤를 적극 활용할 수 있는 시스템을 만들고, 의궤에 대한 적극적인 연구를 통해 조선 왕실의 문화, 나아가 한국학의 수준을 높일 수 있는 계기를 마련해야 한다. 또한 의궤가 원래의 생산국인 한국에 돌아옴으로써 한국학 연구가 활성화되고, 나아가 한국문화와 세계문화 교류에 기여하는 방안도 마련해야 한다. 의궤 반환을 계기로 외교부, 문화재청 등이 주도하는 '문화재환수 전담기구'를 설치해 해외에 산재한 우리 문화재를 체계적으로 반환받을 수 있는 시스템을 확보해 나가는 데도 힘을 쏟아야 할 것이다.

규장각을 대표하는 명품들

　규장각에는 전통시대를 대표하는 수많은 서적들과 고지도, 책판, 고문서가 보관되어 있다. 『조선왕조실록』과 『승정원일기』 『일성록』과 같이 세계기록유산으로 지정된 방대한 연대기 자료를 비롯해 조선 왕실의 주요 행사를 기록과 그림으로 정리한 의궤, 조선시대 지도의 종합판인 『대동여지도』 등 제목 정도는 들어봤을 법한 책들이 다수 소장되어 있다. 또 『퇴계집』 『남명집』 『율곡집』 등의 개인 문집도 다수 소장되어 있어 전통시대를 살아간 선인들의 삶과 생각을 엿볼 수 있다.

　『조선왕조실록』은 왕의 동정을 중심으로 한 정치사 기록이 중심이지만 사회, 경제, 문화사적인 내용뿐만 아니라 조선에 들어온 코끼리 이야기, 도적 홍길동이 연산군대의 실존 도둑이었

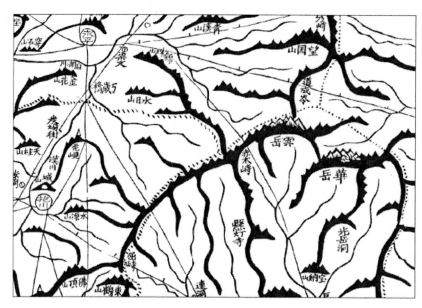

김정호의 『대동여지도』에 표시된 산줄기의 모습

다는 내용, 드라마 〈대장금〉이 실존인물 '장금'을 모델로 했다
는 사실 등 흥미진진한 기록들이 다수 포함되어 있다. 규장각
에는 전통시대 생활상을 생생하게 접할 수 있는 자료들도 다
수 소장되어 있다. 의궤에 기록된 왕실 결혼식, 장례식 등 현장
모습을 담은 반차도와 도설은 당시 행사의 현장 속으로 들어
가 볼 수 있게 한다. 전체 22첩을 모두 모으면 세로 6.7m, 가로
3.3m의 방대한 모습을 드러내는 『대동여지도』를 통해서는 우
리가 왜 김정호를 '최고의 지도학자'라 부르는지도 쉽게 이해할
수 있게 된다. 냉면집이 그려진 '평양지도', 거북선이 그려진 '해
남지도' 등 조선 후기의 지방지도에는 특색 있는 각 지방의 모
습이 고스란히 담겨져 있다. 얼굴이 까만 사람은 까맣게, 천연
두를 앓아 곰보가 생긴 사람은 곰보 자국까지 정밀히 그린 선

현들의 초상화첩을 통해서는 한 시대를 이끌어간 인물들의 실제 모습을 접할 수 있다.

규장각에 소장된 자료들 중에는 전통문화의 폭과 깊이와 함께 우리나라와 동·서양의 여러 나라들이 서로 접촉한 상황을 보여주는 자료도 많다. 조선시대 우리나라와 주로 교역한 국가는 중국과 일본이었다. 중국에 사신으로 다녀오면서 여행에 대해 상세한 기록을 담은 연행록과 일본에 파견된 통신사들의 기행문은 전통 시대에 이루어진 다른 세계와의 만남을 생동감 있게 기록하고 있다. 이외에 『지봉유설』이나 『성호사설』『오주연문장전산고』 등에는 서양의 나라들로부터 얻은 정보들을 자세히 소개하고 있다. 『노걸대언해』『박통사언해』 등의 외국어 학습서도 눈길을 끈다. 이들 자료를 통해 조선이라는 국가가 결코 폐쇄적인 방향으로만 나아가지 않았으며 오히려 세계 조류에 부단히 접촉하고자 했던 지식인들의 선구적인 모습을 확인할 수 있다.

'혼일강리역대국도지도'‘화동고지도(華東古地圖)’'천하도지도' 등의 세계지도를 통해 세계에 대한 선조들의 인식이 변해가는 모습을 읽을 수도 있다. 조선 후기에 제작된 세계지도는 서양인 선교사들의 영향에 의한 것이기는 하지만 조선사회가 세계사의 흐름에서 고립되지 않았음을 보여준다. 한역서학서(漢譯西學書)에는 서양의 과학기술을 수용한 면모와 함께 근대로 나아가는 모습들이 담겨져 있다. 이외에도 규장각은 한 인물의 사상과 행적을 볼 수 있는 개인 문집, 각종 기행문과 백과사전

류의 저술, 또 앞으로 연구되어야 할 희귀본 자료까지 총망라하고 있다.

규장각은 역사학, 한문학, 지리학, 언어학, 민속학, 군사학, 미술사, 복식사 등 각 분야 연구자들의 욕구를 충족시켜 줄 만큼 매력적인 자료들로 가득하다. 선조들이 남긴 기록유산이 이처럼 많이 남아 있다는 것은 후대를 살아가는 우리들에게 큰 행운이다. 문집 한 책, 지도 한 점, 초상화 한 첩에 이르기까지 모두 당대의 노력이 들어가 있는 귀한 유산인 것이다. 정조가 규장각을 처음 설립할 때 표방했던 '법고창신(法古創新)'의 정신은 236년이 지난 지금의 시점에서도 여전히 유효하다. 규장각 자료들의 체계적인 연구와 활용은 전통을 바탕으로 미래를 모색하는 데 있어 큰 힘이 될 수 있다.

조선시대판 타임캡슐 – 『조선왕조실록』

규장각을 대표하는 기록물은 국보이자 세계기록유산으로 지정된 『조선왕조실록』이다. 『조선왕조실록』은 한 질만 만들어진 것이 아니라, 조선 전기에는 4질을 만들어 사고에 보관하였다. 그리고 조선 후기에는 중앙의 춘추관 사고를 비롯해 지방의 네 곳 사고에 보관되었다. 실록이 보관된 사고는 오대산, 태백산, 정족산, 적상산 사고였으며 보관된 사고에 따라 '춘추관본' '오대산본' '태백산본' '정족산본' '적상산본'이라 칭한다. 조선 후기와 일제강점기를 거치면서 춘추관본은 일부 낙질만 남

『조선왕조실록』 오대산 사고본

긴 채 전체가 사라졌고, 태백산본은 국가기록원 부산센터에, 정족산본은 규장각한국학연구원에 보관되어 있다. 적상산본은 6·25전쟁 때 북한으로 반출되었다. 오대산본은 일제강점기에 일본으로 갔다가 1923년 관동대지진 때 대부분 유실되고 74책만 남아 있었는데, 2006년 극적으로 47책의 실록이 한국으로 돌아왔다. 한국으로 돌아온 오대산본 실록은 현재 규장각한국학연구원을 거쳐 국립고궁박물관에 보관되어 있다.

『조선왕조실록』의 편찬과 사관

친히 활과 화살을 가지고 말을 달려 노루를 쏘다가 말이 거꾸러짐으로 인하여 말에서 떨어졌으나 상하지는 않았다. 좌우를 돌아보며 말하기를 "사관(史官)이 알게 하지 말라." 하였다.

－『태종실록』, 태종 4년(1404년) 2월 8일

위의 기록은 『태종실록』의 한 부분으로, 당시 사관이 얼마나 기록에 철저했는가를 잘 보여준다. 태종은 자신의 실수를 사관이 기록할 것을 우려해 실수를 적지 말라고 했지만, 결국에는 자신의 발언까지 기록되는 굴욕(?)을 당했다.

실록 편찬의 전통은 조선 건국 이후 시작돼 조선이 멸망이 될 때까지 계속되었다. 조선시대 역대 왕들의 행적을 중심으로 조선시대의 역사를 정리한 『조선왕조실록』은 1대 태조로부터 25대 철종에 이르는 472년(1392~1863)간의 기록을 편년체로 서술한 조선왕조의 공식 국가기록으로 조선시대 기록문화의 진수를 가장 잘 보여주는 자료이기도 하다. 『조선왕조실록』은 완질의 분량이 1,707권 1,187책(정족산본)에 이르는 방대한 기록이며 조선시대의 정치·외교·경제·군사·법률·사상·생활 등 각 방면의 역사적 사실을 망라하고 있다.

『조선왕조실록』은 역대 국왕의 사후 전 왕대의 실록이 편찬되는 방식을 취했다. 국왕이 사망하면 임시로 실록청을 설치하고, 실록청에는 영의정 이하 정부의 주요 관리들이 영사(領事)·감사(監事)·수찬관·편수관·기사관 등의 직책을 맡아 실록 편찬을 공정하게 집행했다. 실록청에서는 사관들이 작성한 사초(史草)와 시정기(時政記) 등을 광범위하게 수집해 실록 편찬에 착수했다. 시정기는 서울과 지방의 각 관청에서 시행한 업무들을 문서로 보고 받아 그중 중요사항을 춘추관에서 기록으로 남긴 것이다. 『관상감일기』『춘추관일기』『의정부등록』『승정원일기』 등이 시정기에 해당한다. 시정기는 매년 책으로 편집해 국왕에게 보고했으며 보관된 시정기는 실록의 주요 자료로 활용되었다. 실록의 내용이 풍부하고 다양할 수 있었던 것은 시정기를 적극 활용했기 때문이다.

조선시대 대부분의 책은 편찬이 완료되면 국왕에게 바쳤지만 『조선왕조실록』은 예외였다. 총재관이 편찬의 완성 사실만 국왕에게 보고한 후, 춘추관에서 봉안의식을 갖고 춘추관과 지방 사고에 보관하였다. 왕의 열람을 허용하면 실록 편찬의 임무를 담당한 사관의 독립성이 보장받지 못하고 사실(史實)이 왜곡될 것을 우려했기 때문이었다.

실록을 기록하는 임무를 맡은 사람을 사관(史官)이라 칭했다. 좁은 의미의 사관은 예문관의 전임(專任) 관원인 봉교(奉教) 2명, 대교(待教) 2명, 검열(檢閱) 4명으로 이들을 '한림(翰林)'이라 불렀다. 한림 8명은 춘추관 기사관의 신분으로 사관의 임무를 맡았다. 사관의 주요 임무는 사초와 시정기의 작성, 실록 편찬, 실록 보관을 위한 포쇄 등이었다. 사관 8명은 번갈아 가면서 왕명을 출납하는 승지와 함께 궁중에 숙직하고 조회, 조참, 경연 등 국왕이 참여하는 행사는 물론이요, 중신회의와 기타 임금과 신하가 만나는 중대 회의에 대부분 참석해 그 내용을 기록했다. 그야말로 국가의 눈과 귀가 되었던 셈이다.

세초와 세초연

『신증동국여지승람(新增東國輿地勝覽)』에 '세검정은 창의문 밖 탕춘대 앞에 있으며 차일암(遮日巖)이 있다. 열조(列朝)의 실록(實錄)이 이루어진 후에 반드시 여기서 세초(洗草)하였다.'[1]고 기록되어 있다. 여기서 '세초(洗草)'는 무엇일까? 세초 작업을 알기 위해서는 먼저 실록의 편찬 과정을 이해해야 한다.

『조선왕조실록』의 편찬에 가장 기본이 된 자료는 사초(史草)였다. 사초는 사관이 국가의 모든 회의에 참여해 보고 들은 내용과 자신이 판단한 논평의 기록을 말한다. 사관 이외에는 국왕조차도 사초를 마음대로 볼 수 없게 해 사관의 신분을 보장함과 동시에 자료의 공정성과 객관성을 확보할 수 있게 했다. 사초는 사관들이 일차로 작성한 초초(初草)와 이를 다시 교정하고 정리한 중초(中草), 실록에 최종적으로 수록하는 정초(正草)의 세 단계 수정작업을 거쳐 완성된다.

여기에서 초초와 중초는 물에 씻어 그 내용을 모두 없앴는데 이 작업을 '세초'라고 한다. 세초 작업은 세검정 일대의 개천 홍제천에서 이루어졌다. 물에 씻은 종이는 차일암(遮日巖)이

'여지도(輿地圖)' 중 도성도(都城圖).
세검정과 조지서는 가까운 위치에 있었다.

라 불린 널찍한 바위에서 말렸다. 말린 종이는 세검정 근처 종이를 만드는 관청 조지서(造紙署)에서 재활용되었다. 세초를 마치면 이를 축하하는 행사인 세초연(洗草宴)이 베풀어졌다. 다음에 인용된 『효종실록』의 내용에서 볼 수 있듯 세초연은 관례적으로 행해졌으며 수고한 관리들에게는 차등 있게 하사품을 내려주었다.

> 세초연을 열어 주었다. …… 이때에 이르러 일을 끝냈으므로 차일암에 잔치를 열어주었는데 이는 관례이다. 이어 총재관 김육·대제학 채유후·윤순지(尹順之) 등에게 안장 갖춘 말을 차등 있게 하사하였다.
> – 『효종실록』, 1657년(효종 8) 9월 30일

조선 후기에 실록이 산으로 간 까닭은?

편찬이 완료된 실록은 춘추관에서 실록을 봉안하는 의식을 치룬 후 서울의 춘추관과 지방의 사고에 한 부씩 보관했다. 조선 전기에는 서울의 춘추관을 비롯해 충주·전주·성주 등 지방의 중심지에 보관했다. 그러나 지방의 중심지는 화재와 약탈 등 분실의 위험이 있다는 의견이 제기됐으며, 실제 중종대에는 비둘기를 잡으려다 성주 사고가 화재를 당한 일이 있었다. 급기야 임진왜란을 겪으면서 전주사고본의 실록을 제외한 모든 사고의 실록이 소실되면서 사고를 험준한 산지에 설치해야 한다는 의견이 대두되었다.

1592년의 임진왜란은 교통과 인구가 밀집한 읍치(邑治: 고을 수령이 일을 보는 관아가 있는 곳)에 소재한 사고의 위험성을 여실히 보여주었다. 즉 왜적들의 주요 침입 루트가 된 서울의 춘추관과 충주, 성주의 사고는 모두 병화의 피해를 입고 그 존재가 사라졌다. 다행히 전주사고본의 책들은 사고 참봉(參奉)인 오희길(嗚希吉)과 전주 지역 유생인 손홍록(孫弘綠), 안의(安義) 같은 사람들의 헌신적인 노력으로 내장산까지 옮겨지는 등 우여곡절 끝에 보존될 수 있었다. 전쟁이 끝난 후 사고가 지역 중심지에서 험준한 산으로 올라간 것은 바로 이러한 경험 때문이었다. 교통이 편리한 지역은 전쟁이나 화재, 도난의 우려가 커 완벽하게 보존하기가 어렵고, 여러 곳에 분산해 보관함으로써 완전 소실을 면할 수 있다는 사실을 직접 체험한 것이다. 조선 후기에 사고들이 산으로 간 까닭이 여기에 있다. 당대인들이 관리하고 보존하기에는 훨씬 힘이 들지만 후대에까지 길이 자료를 보존하기 위해 험준한 산지만 골라 사고를 설치한 것이다.

임진왜란이 끝난 광해군대 이후 조선의 사고는 5사고 체제로 운영되었다. 서울 춘추관 사고를 비롯해 강화도의 마니산 사고, 평안도 영변의 묘향산 사고, 경상도 봉화의 태백산 사고, 강원도 평창의 오대산 사고가 그것이다. 춘추관 사고를 제외하고 모든 사고를 지역별 안배한 후 험준한 산지에 배치한 것이다. 그 후 묘향산 사고는 후금(뒤의 청나라)의 침입을 대비해 적상산성이라는 천연의 요새로 둘러싸인 전라도 무주의 적상산 사고로 이전했으며, 강화의 마니산 사고는 병자호란으로 크게 파손

복원된 오대산 사고(사적 제37호)

되고 1653년(효종 4) 화재가 일어나면서 1660년(현종 1)에 인근 정족산 사고로 이전했다. 따라서 조선 후기 지방의 4사고는 정족산, 적상산, 태백산, 오대산으로 확정되었고, 이 체제는 조선이 멸망할 때까지 그대로 지속되었다. 그리고 사고 주변에는 수호사찰을 배치해 보다 안전하게 사고를 지키게 했는데 전등사(정족산 사고), 안국사(적상산 사고), 각화사(태백산 사고), 월정사(오대산 사고)가 이러한 기능을 했다.

일제 점령기 때 4대 사고의 실록들이 모두 조선총독부에 의해 접수되었다가 정족산, 태백산 사고의 실록은 경성제국대학 도서관에, 적상산 사고본은 이왕직 소속의 도서관인 창경궁 장서각에, 오대산 사고본은 1913년 일본의 동경제국대학으로 반출되었다. 이후 정족산에 보관된 실록은 현재의 서울대학교 규장각에, 태백산 사고본은 정부기록보존소(부산)에 보관되었다. 적상산본 실록은 6·25전쟁 때 행방불명 됐는데, 후에 북한에서 이 책을 저본으로 한 번역본이 나온 것으로 보아 전쟁 혼란기 중에 북한에서 가져간 것으로 파악된다. 현재는 평양에 보관돼 있는 것으로 알려져 있다. 오대산 사고본은 일본 동경제국대학에 보관되었다가 1923년 관동대지진의 여파로 소실됐고, 일부분만 동경대학(47책)과 규장각(27책)에 남아 있었다. 2006년 동경대에 있던 오대산본 조선왕조실록 47책은 모두 반환되었다.

우리가 현재까지도 실록의 실물을 접할 수 있는 것은 조선 후기에 가장 안전한 곳을 골라 사고를 배치하고 철저하게 실록을 관리한 선인들의 노력 때문이라 할 수 있다.

실록의 철저한 관리와 점검

실록 자체로도 조선시대 기록문화의 우수성을 접할 수 있지만, 이러한 실록 편찬의 전 과정을 완벽하게 정리한 『실록청의궤』가 다수 남아 있어 당시 사람들의 기록 정신을 알 수 있게 한다. 또한 실록의 꾸준한 관리를 위해 『실록형지안(實錄形止案)』을 작성한 것이 주목된다. 『실록형지안』은 실록의 봉안이나 포쇄(暴灑), 실록의 고출(考出: 전거가 필요할 때 뽑아서 열람함), 실록각 보수 등의 사유로 불가피하게 사고를 열어야 할 때 그 사유와 함께 당시에 보관되어 있던 서책의 상황을 기록한 일종의 '장서

점검 기록부'에 해당하는 서류철이다. 『실록형지안』에는 사고를 연 시기, 각 사고별·궤짝별로 보관된 서책의 종류와 수량을 비롯해 파견된 사관과 실무자들의 명단 등이 기록되어 있다.

한 예로 1601년 9월 11일에 작성된 『묘향산사고포쇄형지안』을 보면 태조실록에서 명종실록까지를 궤에 보관한 기록이 나타나는데, 1궤에 『태조실록』 15책과 『정종실록』 6책을 보관한 것에서 시작해 45궤에 『명종실록』 9책을 보관한 사실이 기록되어 있다. 1궤에는 최저 7책에서 최고 30책까지가 담겼는데 아마 각 책의 크기가 고려되었을 것이다. 『실록형지안』에는 이외에도 의궤, 역사서, 지리지, 의례서, 천문학 관련 서적 등의 보관 상태도 함께 기록되어 있다. 『실록형지안』을 통해 조선시대에는 실록을 비롯해 각 사고에 보관된 서책에 대한 꾸준한 점검과 관리가 이루어졌음을 알 수 있다. 한편 사고의 문은 중앙에서 파견된 사관이 아니면 함부로 열지 못하도록 하였다. 그만큼 사고의 실록들을 소중히 여긴 것이다. 조선시대 예문관의 연혁을 정리한 책인 『한원고사(翰苑故事)』의 '포쇄식(曝曬式)'에는 포쇄 때의 구체적인 의식 절차가 기록되어 있다.

열성조의 실록은 강화도 및 적상산성(무주), 태백산(봉화), 오대산(강릉)의 4곳에 보관한다. 춘추관에 소장된 실록은 병화로 다 산실되고, 다만 선조 이후 실록만 있다. 각처 사고에 있는 실록의 포쇄는 매 2년마다 1번 한다. 한림 1명이 왕명을 받들어 내려가 사고의 문을 연다. 이때 흑단령을 갖추고 사각 앞에서 4배를 한다. 사고 문을 열고 봉심(奉審: 받들어 살핌)한 후 궤짝을 열어 포쇄한다. (포쇄)일수는 마땅함을 헤아려서 한다. 포쇄가 끝나면 궤짝에 넣고 돌아와 봉안한다 (이때는 4배를 하지 않는다).

『실록포쇄형지안』의 기록에 의하면 대부분 9월이나 10월(음력)을 택한 것으로 나타나 있어 청명하고 바람이 잘 통하는 늦가을이 포쇄의 적기임이 나타난다. 지방의 4대 사고를 거친 현존 『조선왕조실록』이 대부분 원형을 유지할 수 있는 원인으로는 무엇보다 포쇄를 통한 체계적인 관리를 꼽을 수 있다. 포쇄는 주로 봄·가을에 청명한 길일을 택했으며 춘추관에서 파견된 관원이 담당했다.

조선 후기의 문신이자 학자인 신정하(申靖夏, 1681~1716)는 1709년(숙종 35) 가을 포쇄관(曝曬官)에 임명되어 태백산 사고에 포쇄를 다녀온 적이 있다. 신정하는 이때의 상황을 '태백기유(太白紀遊)'라는 기행문과 '포사(曝史)'라는 시로 남겨 놓았다. 신정하의 '태백기유'와 시에는 포쇄의 광경과 포쇄에 임하는 사관의 심정이 잘 나타나 있다.

사각(史閣)은 담장을 쳤고, 담장 동쪽에 사관이 포쇄할 때 머무는 연선대라는 건물이 있다. 사각에는 번을 서는 참봉과 이를 지키는 승려가 늘상 머무른다. 사각에 이르면 네 번 절한 뒤 자물쇠를 열고 봉심(奉審)한다. 포쇄는 3일 동안 하였는데 날씨가 늘 맑았으며, 이때 포쇄한 서적은 서른여섯 상자이다. 포쇄가 끝나면 서적을 상자에 담아 사각의 누옥에 넣고 전처럼 봉인을 한다.

- 신정하,『서암집(恕菴集)』권11, '태백기유' 중에서

我來御丹詔　나는 임금의 조서를 받들고
(아래어단조)

馹騎橫秋風　가을바람에 말을 달려 왔네.
(일기횡추풍)

再拜手啓鑰　두 번 절한 뒤 손수 자물쇠를 열고서
(재배수계약)

曝之蓮臺畔　연선대 가에서 포쇄를 하네.
(포지연선대)

金箱三十六　귀한 상자 서른여섯 개를 내놓으니
(금상삼십육)

白日當天半　해가 하늘 중앙에 이르렀네.
(백일당천반)

過風時與披　지나는 바람에 때로 함께 책장을 열고
(과풍시여파)

度鳥忽遺影　날던 새가 갑자기 책에 그림자를 남기네.
(도조홀유영)

時於簡編中　때때로 서적 가운데서
(시어간편중)

是非獨自領　스스로 시시비비를 깨닫네.
(시비독자령)

- 신정하,『서암집(恕菴集)』권3, '포사(曝史)'

위의 기록을 통해 사관이 사고에 도착해 사배를 하고, 사고 문을 연 다음 책궤에 보관되었던 실록을 꺼내 3일간 포쇄를 하고, 포쇄가 끝나면 실록을 다시 궤 속에 넣어 봉인(封印)했음을 알 수 있다.

사고가 산간의 오지 험준한 곳에 위치해 있었지만, 조선시대의 사관들은 왕명을 받아 사고에 가는 것을 큰 명예로 생각했다. 사관들은 어떤 고난을 무릅쓰고라도 국가의 기록을 철저히 보존, 관리하는 것을 책무로 인식했으며 중앙의 사관을 맞이한 지방관은 이들을 극진히 환대하였다. 당시에는 실록의 보존이 누구에게나 중대사로 인식된 것이다. 현재 서울대학교 규장각한국학연구원에는 500여 책의 『실록형지안』이 보관돼 있으며 그중에는 서책을 정기적으로 점검하고 거풍(擧風: 밀폐된 곳에 두었던 물건에 바람을 쐬는 것)을 시킨 기록인 포쇄에 관한 내용이 가장 많이 남아 있다. 『실록형지안』의 철저한 기록과 관리체계를 통해 조선시대 기록문화의 면모를 다시 한 번 확인할 수 있다.

실록으로 보는 조선사회의 다양한 모습

1) 코끼리와 장금이, 공길이

실록을 보면 일상의 생활사에 관한 기록들도 눈에 띈다. 실록에 정치사 관련 기록뿐만 아니라 생활사에 관한 내용이 풍부한 것은 각 관청의 업무일지에 해당하는 시정기의 기록이 실록 편찬에 다수 참고가 되었기 때문일 것이다. 『태종실록』에는 태종대에 일본에서 코끼리가 건너 온 이야기가 언급되어 있다. 이는 대마도주가 조선의 환심을 사기 위해 바친 것이다. 조선에 처음 들어온 코끼리는 엄청난 식사량으로 주목을 받았지만 사람을 밟아 죽게 했다는 죄목(?)으로 전라도 장도라는 섬에 보내진다. 그러나 코끼리에 대한 동정론이 다시 일어나 서울로 옮겨진다. 이후 실록에 더 이상 코끼리에 관한 기록이 없는 것으로 보아 코끼리는 자연사했을 가능성이 크다. 실록에는 '이전에는 코끼리가 없었다'라고 기록되어 당시 코끼리가 매우 희귀한 동물로 받아들여졌음을 알 수 있다.

2003~2004년 대히트를 친 드라마 〈대장금〉의 주인공 장금(長今)도 실록에 여섯 번이나 등장하는 실존인물이다. 다음은 실록에 등장하는 장금의 실제 기록이다.

> 대비전의 증세가 나아지자, 국왕이 약방(藥房)들에게 차등 있게 상을 주었다. …… 의녀 신비와 장금(長今)에게는 각각 쌀과 콩 각 10석씩을 하사하였다.
>
> ―『중종실록』, 중종 17년(1522년) 9월

> 상(上)에게 병환이 있어 정원(政院)에서 문안을 드렸다. …… 아침에 의녀 장금이 내전에서 나와 말하기를 "하기(下氣)가 비로소 통해 매우 기분이 좋다고 하셨습니다." 하였다.
>
> ―『중종실록』, 중종 39년(1544년) 10월

궁중음식과 수라간 궁녀들의 아기자기한 모습으로 시청자들의 관심을 불러일으킨 드라마 〈대장금〉의 주인공 장금은 의녀라는 미천한 신분에도 불구하고 실록에 이름이 여러 차례 등장하는데 〈대장금〉이란 제목처럼 실로 대단한 여성이었던 듯하다. 그런데 장금은 위의 기록을 비롯해 '호산(護產)의 공이 있다'거나 왕의 병환에 '오령산, 밀정(蜜釘) 등의 약재를 썼다'는 기록에서 보는 것처럼 약재에 밝았던 전형적인 의녀의 모습이다. 따라서 '궁중음식의 달인'이라는 드라마 속 이미지와는 거리가 있다. 그러나 실록의 기록이 드라마의 모티브가 된 것만은 틀림없다. 영화 〈왕의 남자〉의 주인공 공길 역시 『연산군일기』에 기록된 실존 인물이라는 점에서 주목된다.

이보다 앞서 우인(優人: 광대) 공길(孔吉)이 늙은 선비 장난을 하며 아뢰기를 "전하는 요(堯)·순(舜) 같은 임금이요, 나는 고요(皋陶) 같은 신하입니다. 요·순은 어느 때나 있는 것이 아니나 고요는 항상 있는 것입니다." 하고, 또 『논어(論語)』를 외어 말하기를 "임금은 임금다워야 하고, 신하는 신하다워야 하고, 아비는 아비다워야 하고, 아들은 아들다워야 한다. 임금이 임금답지 않고 신하가 신하답지 않으면 아무리 곡식이 있더라도 내가 먹을 수 있으랴." 하니, 왕은 그 말이 불경한 데 가깝다 하여 곤장을 쳐서 먼 곳으로 유배(流配)하였다.

　　　　　　　　　 - 『연산군일기』, 연산군 11년(1505년) 12월 29일

2) 자연재해에 대한 기록

실록에는 다음과 같이 자연재해에 관한 기록도 매우 자세하다.

> 함경도 함흥에 천둥 번개가 치고 북풍이 크게 불었으며 물을 쏟아 붓듯 우박이 내렸는데 큰 것은 새알만하고 작은 것은 개암이나 콩만 했다. 청홍도 서천(舒川)에는 조수가 범람하여 해변의 언답(堰畓)을 덮친 것이 3백여 결(結)에 이르렀다. 평안도 용천(龍川)·창성(昌城)·곽산(郭山)에 비와 우박이 섞여 내렸는데 크기는 콩만 하였다. 의주(義州)에도 천둥 번개가 크게 치면서 비와 우박이 섞여 내렸는데 큰 것은 개암만하고 작은 것은 콩만 했으며, 경내(境內)의 금강산 근처에는 눈처럼 쌓였다. 해일이 들판에까지 넘쳐 들어와 끝없는 홍수처럼 출렁거렸는데 며칠이 되어도 빠지지 않았으니 근래에 듣지 못한 일이었다. 경기 금천(衿川)에도 천둥이 치면서 비와 우박이 섞여 내렸는데 크기는 콩만 하였다.
>
> － 『명종실록』, 명종 12년(1557년) 4월 4일

위의 기록처럼 『조선왕조실록』은 홍수와 우박, 해일뿐만 아니라 가뭄, 지진 등 자연재해에 관해 매우 자세하게 기록하고 있다. 농업이 중심이 되었던 만큼 자연재해는 국가 경제에 큰 영향을 미쳤기 때문이다. 홍수나 가뭄 등 자연재해가 빈번한 경우 왕은 신하들에게 피해를 막을 수 있는 방법을 상소문으

로 올릴 것을 요구하기도 하였고, 자연재해 피해가 큰 경우 자연현상을 관측하는 기관인 관상감(觀象監) 관리들이 처벌을 받는 경우도 있었다. 또 실록에는 홍수 등의 자연재해가 일어났을 때의 피해 상황을 자세히 기록하고 있다.『명종실록』에는 함경도 관찰사가 수해 상황을 자세히 보고한 내용이 들어 있다.

종성에 7월 23일부터 26일까지 폭풍이 크게 불고 쏟아 붓듯 비가 밤낮으로 그치지 않고 내려 물가의 논과 밭이 모두 침수되어 내가 되었고, 냇가에 거주하는 백성의 가옥이 60여 채나 떠내려가고 사람도 7명이나 떠내려가 죽었다. 부령에 7월 23일부터 25일까지 비바람이 몹시 치고 홍수가 나서 사람이 7명이나 떠내려가 죽었다. 온성(穩城)에 7월 23일부터 25일까지 큰 비가 내리고 강물이 넘쳐서 강가의 논밭이 모두 침수되고 모래로 뒤덮였으며, 먼 부락은 아직 확실히 알 수 없으나 경내(境內)의 근처로는 중리(中里) 부락의 71가구, 포항(浦項) 부락의 87가구, 하리(下里) 부락의 3가구, 상리(上里) 부락의 7가구, 시탕(時蕩) 부락의 20가구, 이마퇴(尼亇退) 부락의 7가구가 터도 없이 떠내려가 버렸고, 벼와 곡식도 모두 침수되었다. 경원(慶源)에 7월 23일부터 26일까지 비가 내려 모든 강물이 넘쳤는데 아직 물이 빠지지 않아 사람이 통행을 못하고 있으니 물이 빠진 뒤에 재해를 조사하여 첩보하겠다. 경흥에 7월 23일부터 26일까지 동풍이 거세게 불면서 큰 비가 밤낮으로 그치지 않고 퍼붓듯 쏟아지고 강물이 넘쳐 관내의 아오지·무이·조산 등의 들판 논과, 강음·능산 등 들판의 곡식들도 침수되고 …… 변방 지역의 강가에 있는 13개 부락도 집과 세간이 다 떠내려가 버렸다.
— 『명종실록』, 명종 18년(1563년) 9월 8일

이처럼 실록에 자연재해에 관한 내용을 철저하게 기록한 것은 이후의 피해를 방지하겠다는 의지에서였다. 실제 자연재해가 오래 지속되면 국왕은 자신이 덕이 없음을 반성하고 진휼정책(피해를 당한 백성들에게 곡식 등을 나누어 주는 정책) 등을 써서 백성의 피해를 최소화하려 했다. 실록에 기록된 홍수, 가뭄 등의 자연재해는 농업국가인 조선사회의 사회, 경제 상황을 이해하는 데 있어서도 중요한 열쇠가 되는 것이다.

실록에는 조선시대 1,800여 회에 걸쳐 일어난 지진에 관한 기록도 매우 자세하다. 이러한 기록은 우리나라도 지진의 무풍지대가 아님을 보여주는 사례다. 지진은 2011년 일본의 동북대지진 사례에서도 볼 수 있듯이 원자력발전소 건설과 깊은 연관을 맺고 있다. 실록에 기록된 지진의 시기와 발생지역에 대한 체계적인 검토는 지질학 등 현재의 자연과학 연구에도 많은 도움을 줄 수 있을 것으로 기대한다.

3) 실록에 기록된 왕의 식단과 건강

실록에는 국왕의 건강과 관련된 기사도 자주 언급된다. 특히 이러한 기록 중에는 현대인의 건강과 관련해 시사하는 바가 큰 내용들도 있다. 대표적으로 조선의 최장수 왕 영조의 경우 채식 위주의 식단을 주로 한 기록이 보이며, 조선 최고의 업적을 쌓았음에도 불구하고 각종 질환에 시달린 세종의 경우 육식을 좋아했음이 나타난다. 『영조실록』의 기록을 보자.

내가 일생토록 얇은 옷과 거친 음식을 먹기 때문에 자전께서는 늘 염려하셨고, 영빈(暎嬪)도 매양 경계하기를 "스스로 먹는 것이 너무 박하니 늙으면 반드시 병이 생길 것이라."고 하였지만, 나는 지금도 병이 없으니 옷과 먹는 것이 후하지 않았던 보람이다. 모든 사람의 근력은 순전히 잘 입고 잘 먹는 데서 소모되는 것이다. 듣자하니 사대부 집에서는 초피(貂皮)의 이불과 이름도 모를 반찬이 많다고 한다. 사치가 어찌 이토록 심하게 되었는가?

－『영조실록』, 영조 26년(1750년) 2월 10일

영조는 당시 사치의 문제점을 지적하는 가운데 자신이 병이 없는 것은 일생 동안 거친 음식을 먹고 얇은 옷으로 생활했기 때문이라 하였다. 실제 영조는 숙종과 무수리 출신의 어머니(숙빈 최씨) 사이에서 출생했기 때문에 정통 왕세자 교육을 받지 못했다. 18세부터 28세까지는 궁궐이 아닌 사가에서 생활했는데, 백성들 사이에서 섞여 산 서민적인 삶의 경험은 왕이 된 이후 영조의 생활에도 큰 영향을 미친 것으로 여겨진다.

반면 태종 때 세자로 책봉되어 정통적인 왕세자 교육을 받은 세종은 평소에 기름진 궁중요리와 육식을 즐긴 것으로 보인다. 성산부원군(星山府院君) 이직(李稷) 등이 세종의 건강을 염려해 올린 글을 보자.

> 졸곡(卒哭) 뒤에도 오히려 소선(素膳)을 하시어 성체(聖體)가 파리하고 검게 되어 여러 신하들이 바라보고 놀랍게 생각하지 않은 사람이 없으며, 또 전하께서 평일에 육식이 아니면 수라를 드시지 못하시는 터인데, 이제 소선(素膳)한 지도 이미 오래되어 병환이 나실까 염려되나이다.
>
> — 『세종실록』, 세종 4년(1422년) 9월 21일

글의 내용 중 '전하는 육식이 아니면 수라를 드시지 못하신다'는 표현은 세종이 육식을 무척이나 즐겼음을 암시하는 대목이다. 『세종실록』에는 세종의 질환에 관한 기록이 50여 건이나 나타난다. 육식을 즐기는 식단이 세종의 건강을 위협한 것은 아닐까? 이처럼 왕의 건강과 같은 세세한 부분까지 살펴볼 수 있다는 점은 실록이 지닌 기록의 우수성을 보다 돋보이게 하고 있다.

조선 왕실 기록문화의 꽃 − 의궤

조선시대에는 국가의 중요한 의식이 끝난 후 전 과정을 담아 '의궤(儀軌)'라는 책을 간행했다. 의궤는 '의식(儀式)과 궤범(軌範)'

을 뜻하는 말로 왕실에서 주관하는 의식이 시행되면 이를 정리한 책이다. 의궤는 전대의 의식과정을 모범으로 삼고, 후대의 시행착오를 방지하고자 하는 취지에서 제작되었다. 선왕의 법도를 최대한 따르려는 유교 이념과 당대의 모습을 기록으로 남기려는 투철한 기록정신이 대를 이어 의궤를 편찬하는 힘이 되었다.

조선 왕실에서 행한 다양한 행사는 의궤를 통해 생생히 복원되고 있다. 또 기록과 함께 도설(圖說)이나 반차도(班次圖)와 같은 시각자료까지 첨부되어 있기 때문에 왕실문화의 현장 모습이 고스란히 되살아난다. 의궤는 조선시대 왕실문화는 물론 당대인들의 생활상을 선명하게 보여주고 있는 것이다.

의궤 편찬의 역사

『조선왕조실록』에 의하면 의궤는 이미 조선 전기부터 존재했다. 성종 15년 영중추부사 이극배가 1395년 경복궁 건설과정을 정리한 『경복궁조성의궤』에 대해 언급을 했는데, 이러한 사례를 통해 이미 조선 초기에 의궤 편찬이 이루어졌음을 알 수 있다. 적어도 태조 때 시작된 의궤의 전통은 태종 때에도 이어져 태조에 대한 장례식 보고서인 『태조강헌대왕상장의궤』가 편찬되었다. 또 세종 때에는 정종과 원경왕후의 국장 과정을 담은 의궤, 왕세자빈의 책봉과 관련된 의궤 등이 편찬되었다.

그러나 아쉽게도 조선 전기에 제작된 의궤 중 현존하는 의궤는 없다. 현존 의궤 중 가장 오래된 것은 임진왜란 이후인

1600년(선조 33)에 선조의 정비인 의인왕후의 장례식을 치르고 이에 관한 의궤를 편찬한 것이다. 의인왕후의 장례는 국장도감, 빈전혼전도감, 산릉도감의 세 도감에서 업무를 분장해 치러졌고, 장례식 이후 세 도감에서 주관한 의궤 3종이 편찬되었다. 17세기 광해군 시대에는 『화기도감의궤』『흠경각영건의궤』 등 국방과 과학에 관한 의궤가 편찬되어 정권의 성향을 보여주기도 했다.

조선 후기 의궤 편찬은 정치적으로 안정되고 문화 중흥이 전개되던 영·정조 시대에 들어와 보다 다양하고 활발해졌다. 특히 영조 시대에는 『대사례의궤』『친경의궤』『친잠의궤』 등이 새로 제작됐으며, 『가례도감의궤』의 경우에도 전대의 의궤 보다 분량이 많아지고 반차도의 면수도 훨씬 많아지는 등 보다 정형화된 의궤 편찬이 이루어졌다.

의궤는 대부분 손으로 직접 쓰고 그림을 그린 필사본이다. 그런데 정조 시대에 편찬된 『원행을묘정리의궤』나 『화성성역의궤』, 조선 후기 왕실 잔치 관련 의궤인 『진찬의궤』와 『진연의궤』 등은 활자본으로 제작되었다. 활자본 의궤를 만든 것은 더 많은 사람들에게 이를 보급해 축제적 성격을 갖는 왕실 행사를 널리 알리기 위해서였다.

19세기에도 의궤 편찬은 이어졌다. 순조, 헌종, 철종의 재위 기간은 흔히 '세도정치기'라 하지만 의궤 편찬만큼은 전대와 큰 차이가 없었다. 의궤 편찬에 큰 변화가 온 것은 고종 시대다. 고종은 1897년 대한제국을 선포하면서 황제가 되었고, 의궤 제작에 있어서도 어람용 의궤를 2부 이상 만들어 한 부는 황제에게, 한 부는 황태자에게 올리도록 했다. 황제에게 올리는 의궤의 표지는 천자만이 쓸 수 있는 황색으로 제작한 점이 주목된다. 조선왕조 시기 가장 마지막에 나온 의궤는 1929년 순종황제와 순명황후의 삼년상을 치른 후 신주를 종묘에 모시는 과정을 기록한 『순종효황제순명효황후부묘주감의궤(純宗孝皇帝純明孝皇后祔廟主監儀軌)』다. 결국 조선 건국 이후부터 순종황제가 사망할 때까지 의궤는 꾸준히 만들어졌다고 할 수 있다.

의궤로 보는 조선의 왕실문화

현재 서울대학교 규장각한국학연구원과 한국학중앙연구원 장서각, 국립중앙박물관 등에 소장된 의궤에는 왕실의 출생에 관한 의례를 보여주는 태실(胎室)의 조성에서부터 시작해 책례(冊禮), 관례(冠禮), 혼례(婚禮)와 같은 통과의례, 왕의 즉위식, 이어 왕의 사망과 추숭(追崇) 등 일생에 관한 내용들이 망라되어 있다.

왕실의 활동을 담은 의궤에는 왕실의 잔치 의궤, 종묘와 사직 조성에 관한 의궤, 활쏘기 과정을 정리한 대사례 의궤, 어진(御眞)이나 화기(火器), 보인(寶印)의 제작에 관한 의궤 및 노비의 추쇄 과정을 기록한 『노비추쇄도감의궤(奴婢推刷都監)』 등 왕실에서 시행한 특별 행사 기록을 정리한 의궤도 있다. 또 광해군 시대에 국방과 과학에 관한 의궤가 제작되었다거나 영조 시대의 대사례 실시, 정조 시대의 화성 행차 등 각 왕대의 주요 행사들이 의궤로 남아 있는 것도 주목된다. 왕실의 일생과 활동에 관한 내용을 담은 주요 의궤들을 개관하면 다음과 같다.

1) 왕실의 일생에 관한 의궤
① 출생의 기록『태실의궤』

조선시대의 국왕은 왕위를 계승할 원자로 탄생하는 시기에서부터 그 존재가 신성시되었다. 국왕의 존재가 출생과 함께 신성시되었음은 국왕의 태(胎)를 봉안한 태실(胎室)이 만들어진 것에서 단적으로 나타난다. 왕실의 태를 봉안한 기록은『장태의궤(藏胎儀軌)』나『태실석난간조배의궤(胎室石欄干造排儀軌)』라는 제목으로 편찬되었다. '왕실의 태를 보관한 의궤' 또는 '태실을 만든 의궤'라는 뜻이다. 이러한 의궤를 통해 조선 왕실의 출산 풍속을 엿볼 수 있다. 태실의궤가 편찬되었음을 통해 조선 왕실 의례의 출발점이 태의 신성한 보관에 있음을 알 수 있다. 또 왕이 된 후에 태실을 가봉(加封)한 상황을 정리한『태실가봉의궤』를 편찬한 것을 보면 태실의 사후 관리에도 만전을 기했음을 알 수 있다.

태실 관련 의궤로 현재 규장각에 소장된 것은『정종대왕태실석난간조배의궤(正宗大王胎室石欄干造排儀軌), 1801년』『원자아지씨장태의궤(元子阿只氏藏胎儀軌), 1809년』『익종대왕태실석난간조배의궤(翼宗大王胎室石欄干造排儀軌), 1836년』『태조대왕태실의궤(太祖大王胎室儀軌), 1866년』등이다. 이들 의궤에는 왕실의 태를 보관하고 태실 주변에 각종 석물을 배치한 기록들이 남아 있다.

② 왕세자의 대표적 통과의례

어린 원자가 자라나 나이가 차면 선왕의 뒤를 이을 왕세자로 책봉된다. 원자가 왕세자로 책봉되는 과정을 기록한 의궤가 『세자책례도감의궤(世子册禮都監儀軌)』이다. 정조와 같이 왕세손으로 책봉되면 『왕세손책례도감의궤(王世孫册禮都監儀軌)』가 만들어졌다. 왕세자 책봉식은 장차 왕위를 계승하게 될 후계자를 결정하는 행사였으므로 국왕이 공식 예복인 면복(冕服)을 입고 정전에서 성대하게 거행했으며, 책봉된 왕세자나 왕세손은 상징물로 죽책(竹册)과 옥인(玉印)을 받았다. 조선의 왕세자는 다음 왕위를 계승할 후계자였기 때문에 그 위상을 높이는 각종 통과의례가 있었다. 왕세자 관련 대표적인 통과의례로는 책봉, 입학, 관례, 가례가 있었다. 책봉은 왕세자가 왕의 후계자가 되는 가장 중요한 공식 의식이었다. 책봉은 왕이 세자로 책봉한다는 임명서를 수여하고, 세자가 이를 하사받는 의식이다. 왕세자 책봉을 위해서는 책례도감이 구성되어 책봉에 따른 의장과

	책봉	입학례	관례	가례
숙종	7세	9세	10세	11세
경종	3세	8세	8세	9세
효장세자	7세	9세	9세	9세
사도세자	2세	8세	9세	10세
정조	8세	10세	10세	11세

조선 후기 세자·세손의 통과의례 거행 시기

물품을 준비하고, 행사가 끝나면 책례도감의궤를 작성하였다.

그런데 모든 왕세자가 책례, 입학, 관례, 가례의 단계를 순서대로 거치는 것은 아니었다. 예를 들어 성종 때 연산군을 세자로 책봉한 후 입학례를 행하지 않고 세자빈을 맞는 의식을 먼저 행하였다. 아마도 연산군이 생모에 대한 죽음을 알고 정서가 불안한 처지라 먼저 혼인을 시켜 마음을 안정시키기 위한 것으로 풀이된다.

왕세자로 책봉된 후에는 조선시대 최고 교육기관인 성균관에서 입학례를 거행하였다. 성균관 대성전에 있는 공자와 네 명의 성인의 신위에 잔을 올리고, 명륜당에서 스승에게 예를 행하고 가르침을 받는 의식이다. 왕세자 신분으로 성균관 입학례를 처음 거행한 사람은 문종이다. 그는 8살이 되던 해에 성균관 입학례를 거행하였다. 왕세자의 입학례는 '차기의 태양'인 왕

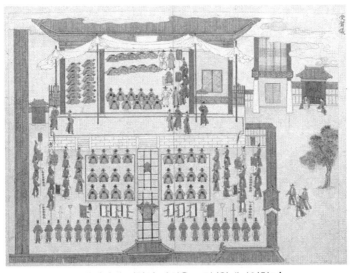

효명세자의 입학식 과정을 그린 '왕세자입학도'

세자의 통과의례에서 매우 큰 행사로 인식됐기 때문에 기록화로도 남겼다.[2]

책봉, 입학과 함께 왕세자가 성인이 되는 통과의례로는 관례(冠禮)가 있었다. 관례는 오늘날 성년식을 말하는 것으로 관례를 치르면 남자는 상투를 틀고 관을 썼기 때문에 관례라 하였다. 일반 사대부의 자녀는 통상 결혼하기 전 15세에서 20세에 관례를 치른 반면, 왕세자의 경우에는 책봉식을 치른 후인 8세에서 12세 정도의 나이에 관례를 거행하였다. 관례의식 후에는 바로 가례로 이어졌기 때문에 관례만 따로 의궤로 제작하는 경우는 적었다. 관례에 관한 의궤로는 『순조왕세자관례책저도감의궤』와 『은언군은신군관례의궤』가 있다.

관례를 치르면서 어엿한 성인이 된 왕세자는 혼례를 행하였다. 혼례식은 대개 관례를 행한 직후 이루어졌다. 관례가 8세에서 12세 정도에 이루어진 만큼 혼례식은 10세에서 13세 정도의 나이에 거행하였다. 왕이나 왕세자의 혼례식 전 과정은 『가례도감의궤』로 남겼다. 책봉, 입학, 관례, 혼례를 치르고 나면 왕세자는 성인으로서, 또 차기 왕으로서의 통과의례를 모두 마치게 된다. 그러나 왕으로서의 즉위 시기는 일정치 않았다. 선왕의 수명과 깊은 관련이 있기 때문이다. 숙종처럼 왕세자로 있다가 14세의 어린 나이에 바로 즉위한 왕도 있지만, 문종처럼 37세의 늦은 나이로 즉위한 왕도 있었다.

③ 왕실의 즉위식

조선시대의 국왕은 대부분 이전의 왕이 사망하고 장례가 진행되는 도중 왕위에 올랐으므로 즉위식은 요즈음 대통령의 취임식처럼 경축하는 행사는 아니었다. 이런 까닭인지 국왕의 즉위식을 기록한 의궤는 좀처럼 보이지 않는다. 그러나 조선시대에도 기쁜 즉위식이 두 차례 있었다. 하나는 태종의 뒤를 이어 세종이 즉위한 것이고, 다른 하나는 고종이 왕위에 있다가 황제로 즉위한 경우다. 태종은 생전에 자신이 상왕으로 물러나면서 세종에게 왕위를 물려주었다. 따라서 세종은 아버지가 사망하기 전에 왕위를 이어받는 것이었으므로 기쁜 마음으로 즉위할 수 있었다. 대부분의 경우 선왕이 사망한 후 왕위를 이어받으므로 선왕의 죽음에 대한 슬픔으로 즉위식을 제대로 치를 수가 없었다. 『세종실록』은 경복궁 근정전에서 행해진 세종의 즉위식 과정을 자세히 기록하고 있다. 의궤로 제작되었을 가능성이 크지만, 아쉽게도 현재 의궤는 전하지 않는다.

고종의 즉위식 역시 즉위식 자체가 '왕'의 나라에서 '황제'의 나라로 올라가는 의식이었기 때문에 축하 분위기 속에서 치를 수 있었다. 고종의 즉위식은 의궤로 작성되었는데 1897년에 편찬된 『고종대례의궤(高宗大禮儀軌)』가 그것이다.[3] 고종 황제 즉위식은 원구단(圓丘壇)에서 이루어졌다. 즉위식 전날인 10월 11일, 고종은 세자를 데리고 원구단으로 가서 제물과 제기를 살피고 돌아왔다. 이날 고종은 대신들과 함께 새 나라의 국호를 논의했다. 고종은 조선이 삼한의 땅을 통합한 것을 상기시키고 국호를 '대한(大韓)'으로 할 것을 제안했다. 10월 12일 고종은 국새를 신고 원구단으로 가서 천신(天神)과 지신(地神)에게 제사를 올리고 나서 황금색 의자에 앉아 국새를 받았다. 옷은 십이장(十二章)의 문장이 새겨진 곤면(袞冕)을 입었다. 그 동안 조선의 왕들은 구장복(九章服)을 입었는데, 이제 명나라 황제의 즉위식을 따라 황제국임을 선언한 것이었다. 즉위식을 마친 고종은 경운궁으로 돌아와 태극전(즉조당)에서 백관의 축하를 받았다. 이어 12시에 왕비를 황후로 책봉하고, 2시에 왕자를 황태자로 책봉하는 의식을 거행했다. 그동안 '천세'를 부르던 신하들은 '만세'를 세 번 불렀다.

고종이 황제로 격상됨에 따라 의궤 제작에도 변화가 생겼다. 왕이 보는 어람용 의궤가 아닌 황제용 의궤가 따로 만들어졌고, 표지 빛깔은 황제를 상징하는 노란색 비단을 사용했다. 황태자용은 제후를 상징하는 붉은 비단을 사용하게 되었다. 현재 세종과 고종의 즉위식은 문화재청이나 서울시 등에서 활발하게 재현 행사를 추진해 조선 왕실 즉위식의 구체적인 모습을 확인할 수 있다.

④ 왕실의 혼례식

왕실에 혼인이 있을 때는 『가례도감의궤』가 작성되었다. 현재 남아있는 혼례식 관련 의궤는 제목이 모두 『가례도감의궤』다. 가례(嘉禮)는 원래 왕실의 큰 경사를 뜻하는 말로 왕실의 혼인이나 책봉 등의 의식과 예법을 통괄적으로 뜻한다. 가례의

총체적 개념을 표시하는 『주례』에도 '이가례친만민(以嘉禮親萬民)'이라 하여 가례가 만민이 참여해 행할 수 있는 의식임을 설명했다. 그만큼 가례는 상하 모두가 함께 행할 수 있는 의례라는 것이다.[4] 그러나 조선 후기에 기록된 『가례도감의궤』이 모두 왕이나 왕세자의 결혼식을 정리한 기록임을 볼 때 『가례도감의궤』에 나타난 가례는 곧 왕실의 혼인의식, 즉 왕이나 왕세자의 혼인의식을 뜻하는 용어로 볼 수 있다. 현재 전해지고 있는 조선시대 『가례도감의궤』를 살펴보면 왕의 가례가 9건, 왕세자의 가례가 9건, 왕세손의 가례 1건, 황태자의 가례가 1건이다. 왕실 혼인 중에서도 왕이나 왕세자의 혼인만 특별히 '가례'라 칭했다는 점을 볼 때, 이러한 혼인이 가지는 의미와 중요성을 널리 알리고 이를 기록으로 보존하는 취지에서 『가례도감의궤』를 편찬했음을 알 수 있다. 따라서 『국조오례의』의 '가례'와 의궤의 '가례'는 그 용도가 분명히 다름을 확인할 수 있다.

조선 왕실에서는 왕비 또는 왕세자빈을 선발할 때 전국에 금혼령을 내렸다. 이어 세 차례에 걸친 '간택'이라는 선발 과정이 있었고, 간택된 왕비(왕세자빈)는 별궁(別宮)에서 왕비 수업을 받았다. 이후 육례(六禮)라는 여섯 가지 절차를 거쳐 혼례식을 치렀다. 육례는 납채(納采: 청혼서 보내기), 납징(納徵: 결혼 예물 보내기), 고기(告期: 날짜 잡기), 책비(冊妃: 왕비의 책봉), 친영(親迎: 별궁으로 가 왕비 맞이하기), 동뢰연(同牢宴: 혼인 후의 궁중잔치)이다. 『가례도감의궤』에는 왕비를 간택하는 과정과 혼수물품, 국왕이 왕비를

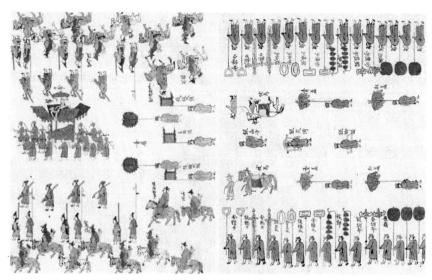
영조와 정순왕후의 결혼식을 기록한 『(영조정순왕후) 가례도감의궤』

맞으러 가는 과정이 기록되었고, 국왕이 왕비를 맞이하러 가는 화려한 행렬이 '반차도'라는 그림으로 생동감 있게 표현되었다.

의궤는 왕실의 일상을 보여주는 다양한 주제들로 구성되어 있지만 그중에서도 왕실의 결혼식을 기록한 『가례도감의궤』는 기록과 그림에서 축제의 분위기가 물씬 배어난다. 따라서 기록된 내용들도 활기차고 신명난 모습이며, 결혼 행렬을 그림으로 표현한 반차도를 함께 부기(附記)해 보다 생동감 넘치게 구성되어 있는 것이 특징이다. 이러한 점들을 볼 때 『가례도감의궤』는 조선시대 의궤 중에서도 가장 화려함을 보인다고 할 수 있다. 또 각 국왕과 왕세자의 결혼식이 시기적으로 연속 기록되어 있어 의궤를 통해 조선시대 결혼풍속의 흐름을 살펴볼 수 있으며 각종 혼수품과 행사에 참여한 사람들의 변화 양상까지 파악할 수 있다.

왕실 혼례식을 기록한 『가례도감의궤』의 경우 왕이 어떤 지위에 있을 때 혼인을 했는가가 매우 중요하다. 그런데 현존하는 목록은 이를 별도로 분류하지 않고 있다. 현재 의궤로 남아 있는 왕실 혼례식의 건수는 총 22건이다. 왕실의 혼례식은 대개 왕세자 시절인 10대 초반에 이루어진 경우가 많아 왕세자 혼례식이 주류를 이루지만, 조선 후기에 들어와 계비(繼妃)를 맞는 경우나 어린 나이에 즉위하는 사례가 많아 왕의 혼례식이 연속되는 경우도 많았다.[5] 이외에 정조와 같이 왕세손의 지위에 있을 때 혼례식을 한 경우도 있고, 순종처럼 황태자의 지위로 혼례식을 치른 경우도 있었다. 왕세손의 혼례식은 왕이나 왕세자의 혼례식보다 격이 떨어지고 반차도의 규모도 작아진다. 정조가 왕세손 시절의 혼례식을 정리한 『(정조효의왕후) 가례도감의궤』를 왕이나 왕세자의 혼례 시와 비교하면 그 차이를 확실히 알 수 있다. 가례도감 대신 '가례청'이란 명칭을 쓴 것이나 총책임자에 해당하는 도제조 대신 제조를 책임자로 임명한 것, 삼방이 아닌 이방만을 구성해 혼례식을 준비한 것, 반차도가 18면 밖에 그려져 있지 않고 왕세손빈의 가마만 그렸다는 것은 이러한 정황을 보여주는 대표적인 사례. 의궤의 본문 중 복식이나 물품의 조달, 참여인원의 수 등에서도 대부분의 가례와는 달리 규모가 축소된 것을 쉽게 확인할 수 있다.

⑤ 왕실의 사망, 장례와 관련한 의궤
현재 남아있는 의궤 중에는 왕실의 사망과 이에 관한 국장

관련 의궤가 가장 많다. 사망과 국장에 관한 의궤는 넓게 보면 『국장도감의궤』『빈전혼전도감의궤』『산릉도감의궤』『천릉도감의궤』『부묘도감의궤』까지를 모두 포함할 수 있다.[6] 조선 왕실에서는 왕의 장례식을 성대히 치루고 최대한의 예법을 다했기 때문에 관련 의궤도 다양한 형태로 편찬한 것이다. 조선 왕실에서는 국왕이나 왕비, 태상왕(비), 세자(빈), 세손(빈)이 사망하면 국상(國喪)으로 장례를 치렀다. 하지만 국상에 대한 표현은 대상에 따라 달랐다. 국왕과 왕비의 장례는 국장(國葬)이라 일컬었고, 세자와 세자빈의 장례는 예장(禮葬), 황제와 황후의 장례는 어장(御葬)이라 했다. 또 사망을 표현하는 말도 달랐다.『예기』를 보면 천자는 붕(崩), 제후는 훙(薨), 대부(大夫)는 졸(卒), 사(士)는 불록(不祿), 서민은 사(死)라고 규정했다. 조선의 국왕은 제후에 해당하므로 '훙'이란 표현을 사용했는데『조선왕조실록』에서는 통상 '상(上)이 승하(昇遐)하셨다'고 표현했다.

왕의 병이 깊어 죽음에 임박하면 유언을 듣게 되는데, 이를 고명(誥命)이라 한다. 대개 왕의 신임을 받던 측근 신하가 고명을 받아 왕의 유교(遺敎)를 작성한다. 고명을 받은 신하를 고명대신이라 하였다. 왕이 사망하면 머리가 동쪽을 향하도록 눕히고, 내시가 입과 코 위에 솜을 놓고 숨을 쉬는가를 살폈다. 사망이 확인되면 내시가 왕이 평소 입던 옷을 가지고 궁궐 지붕에 올라가 용마루를 밟고 세 번 "상위복(上位復)"이라 외쳤다. 왕의 죽음이 확인된 후에는 왕의 시신을 목욕시키고 의복을 갈아입히는 습(襲), 옷과 이불로 시체를 감싸는 소렴(小殮)과 대렴(大斂)이 진행되었다. 대렴이 끝나면 시신을 넣은 재궁(梓宮: 가래나무로 만든 왕의 관)을 빈전에 모셨다. 일반인의 상례 때는 빈소에 관을 그대로 두지만, 국장에서는 찬궁(欑宮)이라는 큰 상자를 만들어 그곳에 재궁을 모셨다. 왕의 관을 빈전에 모신 상황을 정리한 의궤가 『빈전도감의궤(殯殿都監儀軌)』다. 찬궁의 사면에는 청룡(동), 백호(서), 주작(남), 현무(북)의 사신도(四神圖)를 그려 넣었다. 그리고 국왕이 사망한 지 3일째 되는 날, 사직과 종묘에 사신을 보내 국왕의 사망을 공식적으로 아뢰었다.

『국장도감의궤』는 빈전에 모신 재궁을 장지(葬地)인 산릉까지 모시는 의식을 기록했다. 발인(發引)이 시작되면 국왕의 관은 궁궐을 떠나 노제(路祭: 길에서 지내는 제사)를 거쳐 장지에 이르렀다. 산릉도감이 미리 조성해 놓은 왕릉 자리에 도착하면 관을 정자각에 모시고, 찬궁에서 관을 꺼내 하관하였다. 왕릉 조성이 끝나면 우제(虞祭: 시신을 매장한 후 혼령을 위로하는 제사)를 지내고, 가신주를 모셔 궁궐로 돌아왔다. 가신주를 안치하고 나면 왕실의 장례를 주관한 관청인 국장도감은 업무를 종결하고 해산되었다. 그러나 국장 의식은 여기서 그치지 않았다. 가신주를 혼전에 모시고 삼년상(대략 27개월 정도)을 지냈다. 혼전을 조성한 상황을 기록한 의궤는 『혼전도감의궤』라 하였다. 삼년상이 끝나면 혼전에 모신 가신주를 꺼내어 종묘 터에 묻고, 새 신주를 만들어 종묘에 모셨다. 이를 부묘(祔廟)라 하였고, 부묘의 과정은 『부묘도감의궤』로 정리하였다.

위와 같이 왕의 승하와 관련해서는 빈전도감, 국장도감, 산릉도감, 혼전도감, 부묘도감 등 각 도감에서 주관해 각각의 의궤를 작성하였다. 장례를 총괄하는 국장도감, 시신을 안치하는 빈전을 설치하고 염습과 복식을 준비하는 빈전도감, 무덤을 조성하는 산릉도감이 설치된 것이다. 오늘날의 장례 의식으로 말하자면 장례를 총괄하는 집행부는 국장도감, 빈소를 차리고 조문객을 맞는 일은 빈전도감, 왕릉을 조성하는 작업은 산릉도감, 혼전의 조성은 혼전도감이 담당했다.

국장에 관련한 도감이 부서별로 설치되고, 의식이 끝난 후 관련 의궤가 다양하게 제작된 것은 국장 엄수를 최고의 예법으로 인식했기 때문이다. 『국장도감의궤』에는 재궁, 각종 수레, 책보, 각종 의장, 제기의 제작에 관한 내용을 정리했고, 말미에는 국장 행렬을 담은 반차도를 그렸다. 『정조국장도감의궤』의 기록을 보면, 반차도는 발인하기 약 10일 전까지는 완성해 확인을 받도록 했다. 엄숙하고 장중하게 치러야 하는 행사였기에 수많은 참가자들은 반차도를 통해 미리 도상 연습을 하고, 행렬 속에서 자신의 위치를 숙지한 것이다. 1780년에 있었던 정조의 국장 행렬을 그린 반차도는 총 40면에 걸쳐 그려졌으며 1,440명의 인원이 나타난다. 1897년의 명성황후 국장 반차도에는 총 78면에 걸쳐 2,035명의 인원이 동원된 것으로 그려져 있다. 고종이 황제로 즉위한 이후의 황실 행사였으므로 그 규모가 더욱 커졌기 때문이다.

왕실의 일생이라는 관점에서 의궤를 분류하면 왕실의 국장과 관련한 의궤가 가장 많이 제작되었고, 현존하는 의궤 역시

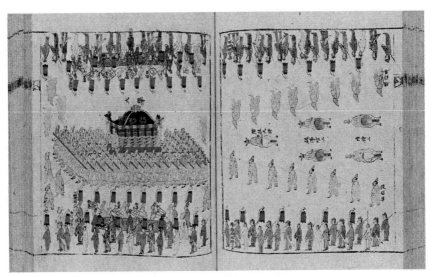

『명성황후 국장도감의궤』 중 '발인반차도'

이 분야의 의궤가 가장 많다. 국장 관련 의궤는 종류가 많은 만큼 사망 이후 시간적 순서에 따라『빈전도감의궤』『국장도감의궤』『산릉도감의궤』『혼전도감의궤』『부묘도감의궤』등으로 일차 분류하고, 이를 역대 왕별로 나누어 보는 것이 국장 관련 의궤를 이해하는 데 도움이 된다. 또 지위별로 분류하는 것도 필요하다. 빈전이나 혼전의 경우 빈궁이나 혼궁으로 표현하였고, 국장에서 세자나 세자빈의 장례를 예장(禮葬)으로 표현한 것에서 나타나듯 왕실의 지위가 국장 관련 의궤의 기록에도 엄격히 표현되고 있다. 따라서 국장 대상의 지위별로 빈전, 혼전, 국장, 산릉도감의궤를 분류하는 것도 필요하다 생각한다.

⑥ 왕실의 존숭·추숭과 관련한 의궤
왕실 사후에 추진되는 의식이지만 일생이라는 관점에서 또

하나 분류할 수 있는 의궤는 존숭·추숭과 관련된 것들이다. 일생을 정리해 존숭·추숭하는 의식이 사후에 벌어지고, 그 인물에 대한 평가가 가해지는 만큼 '왕실의 일생'에 포함시킬 수 있다고 생각한다.[7] 현재 존숭·추숭과 관련된 의궤는 『존숭(尊崇)도감의궤』 『존호(尊號)도감의궤』 『상호(上號)도감의궤』 『추숭(追崇)도감의궤』 『시호(諡號)도감의궤』 『묘호(廟號)도감의궤』 등의 이름으로 분류할 수 있다. 이 분야를 범주화하면 어느 왕이 추숭 작업을 통해 왕권을 강화하고, 자신의 정통성을 확립해 나갔는지 쉽게 파악할 수 있다.

예를 들어 광해군은 사친인 공빈 김씨의 추숭 작업에 상당한 신경을 썼고, 결국 『공성왕후추숭도감의궤』를 제작했다. 영조는 사친인 숙빈 최씨의 추숭 작업에 힘을 기울여 숙빈 최씨의 무덤이 원래 '소령묘'인 것을 '소령원'으로 바꾸고 시호까지 올렸다. 그리고 이 과정을 『(숙빈)상시봉원(上諡封園)도감의궤』로 남겼다. 이처럼 존숭이나 추숭 관련 의궤를 통해 한 인물이 사후에 어떤 평가를 받았는지 그 여부를 파악할 수 있다.

2) 왕실의 활동에 관한 의궤

왕실의 일생을 시기적으로 보여주는 의궤 이외에 왕실에서 행한 주요한 의식이나 행사에 관한 의궤는 '왕실의 활동'이라는 범주로 묶을 수 있다고 생각한다. '왕실의 의식'이나 '왕실의 행사'라는 용어가 적절해 보일 수도 있지만 '왕실의 일생'이라는 범주와 구별이 모호하기에 우선 '왕실의 활동'이라는 구분을 제시해 보았다. '왕실의 활동'에 관한 의궤는 왕실에서 추진한 주요 활동에 관한 내용들이며, 이를 주제별로 분류할 수 있다. 여기서는 분류 대상으로 삼을 수 있는 주요 의궤의 유형을 제시해 보았다.

① 왕실의 잔치

왕실의 활동에서 가장 빈도가 높은 의궤는 궁중의 경사, 즉 대왕대비나 왕의 탄신, 즉위 40주년 기념 등의 행사를 축하하기 위해 벌인 잔치를 기록한 『진찬의궤(進饌儀軌)』와 『진연의궤(進宴儀軌)』『진작의궤(進爵儀軌)』 등이다.[8] 원래 궁중 잔치를 의미하는 용어로는 '풍정(豊呈)'이 사용되었다. 세종 1년 5월 16일 '세종이 풍정을 두 상왕과 모후 앞에 올렸다'는 기록과 이후 여러 기록을 보면 '풍정'은 왕만을 위한 잔치 의식이 아니라 왕과 왕비, 대비 등 왕실 잔치 의식 전반을 뜻하는 용어로 사용된 것처럼 보인다. 『진연의궤』나 『진찬의궤』의 이름을 붙이지는 않았지만, 잔치 관련 의궤 중 대표적인 것이 『원행을묘정리의궤』다. 1795년 정조는 어머니 혜경궁 홍씨의 회갑을 맞아 화성에 행차하고 봉수당에서 잔치를 베풀어주었다. 『원행을묘정리의궤』는 정조의 화성 행차를 다룬 8일간의 기록으로[9] 이후 잔치 관련 의궤의 모범이 되었다.

② 왕실의 제사

왕실 활동에서 가장 중요한 것은 제사 의식이었다. 이에 관한 의궤로는 종묘와 사직, 영녕전의 제사 과정을 기록한 『종묘의궤』 『사직서의궤』 『영녕전개수도감의궤』 등이 있다. 이외 제사 의식에 관한 의궤로는 영조대 대보단 증수 과정을 기록한 『대보단증수소의궤(大報壇增修所儀軌)』 및 왕실의 사당에 제사를 지낸 의식을 기록한 『경모궁의궤(景慕宮儀軌)』 등을 들 수 있다.

③ 친경, 친잠의궤

조선은 주산업이 농업인 국가였다. 따라서 왕실에서도 농사를 장려하기 위해 국왕이 농사를 짓고 왕비는 누에를 치는 행사를 거행해 직접 시범을 보였다. 『친경의궤』는 국왕이 전농동에 있던 적전(籍田)에 나아가 시범적으로 농사짓는 과정을 기록한 것이고, 『친잠의궤』는 왕비를 비롯한 왕실의 여인들이 직접 누에 치는 행사를 기록한 것이다.

④ 사신의 영접

국왕이 중국에서 파견된 사신을 영접할 때는 『영접도감의궤』가 제작되었다. 조선시대 중국과의 외교관계는 국가적으로 중요한 업무에 속했으므로 정부에서는 중국 사신의 접대에도 상당히 신경을 썼다. 따라서 사신이 방문할 때는 그 영접을 전담하는 영접도감이 설치되었고, 영접도감 안에는 업무를 총괄하는 도청과 실무를 담당하는 부서가 나뉘어 있었다. 명나라 사신을 접대하는 『영접도감의궤』는 광해군 때까지 활발히 제작되었으나, 인조 시대 이후 청나라의 지배자가 되면서 영접 관련 의궤 제작은 이루어지지 않는다. 청나라 사신을 접대하는 일이 국가의 자존심을 손상한다고 판단한 때문인 듯하다.

⑤ 기록물의 편찬

중요한 편찬 사업이 있을 때도 의궤가 만들어졌다. 왕실 편찬물 중에서 가장 많이 의궤로 기록된 것은 왕실의 족보인『선원록』의 제작과 수정에 관한 것이다. 현재『선원록』에 관한 의궤는 106종 정도로 분류되나 한 책의 분량이 적고, 다른 의궤에 비해 중요성도 떨어진다. 편찬 사업과 관련해 중요한 의궤는 실록을 편찬하거나 수정할 때의 기록인『실록청의궤』다.『실록청의궤』에는 실록 편찬의 구체적인 과정과 함께 실록 편찬에 사용된 소요 물자가 구체적으로 기록되어 있어 현재의 실록 복원 사업에도 유용하게 활용할 수 있다. 이외에 광해군 때『동국신속삼강행실도』편찬의 과정을 기록한『동국신속삼강행실찬집청의궤(東國新續三綱行實撰集廳儀軌)』와『국조보감』편찬의 과정을 기록한『국조보감감인청의궤(國朝寶鑑監印廳儀軌)』가 있다. 이들 의궤는 중요한 문헌의 편찬 사업을 기록한 것이므로 편찬 작업에 참여한 사람과 소요 물품을 상세히 기록해 후세에 참고가 되도록 했다.

⑥ 어진의 제작

국왕의 초상화인 어진(御眞) 제작 과정을 기록한『어진도사도감의궤(御眞圖寫都監儀軌)』를 통해서는 왕의 초상화 제작과 관련한 면면을 접할 수 있다. 조선시대에 어진을 그리는 일은 국가적 사업으로 인식되었다. 그래서 국가에서는 특별히 도감을 설치해 일을 진행시켰다. 그리고 작업이 마무리 된 후에는 의궤를 편찬하였다. 『어용도사도감의궤』 『영정모사도감의궤』가 바로 이러한 기록을 모아 놓은 의궤다. '도사(圖寫)'라는 용어는 '직접 그린다'는 뜻으로 왕이 생존해 있는 상태에서 직접 어진을 그린 것을 지칭하는 용어이고, '모사(模寫)'는 '어떤 그림을 본보기로 그와 똑같이 그린다'는 뜻으로 훼손된 어진을 복구하거나 새롭게 봉안하기 위해 본 그림을 바탕으로 다시 그리는 것을 말한다. 국왕이 사망한 후 후대에 여러 자료를 활용하여 생전의 모습과 가깝게 그린 경우도 '모사'라 불렀다. 부분적인 보수만 해오던 영정을 본격적으로 제작하기 시작한 것은 조선후기 숙종 시대부터다.

현재 남아 있는 어진 관련 의궤 중 가장 오래된 것은 1688년(숙종 14) 태조의 어진 제작 과정을 기록한 『(태조대왕)영정모사도감의궤』다. 이 의궤에는 경기전에 모셔져 있다가 손상된 태조의 영정을 서울로 옮겨와 다시 그리는 작업에 대한 내용이 기록되어 있다. 1713년(숙종 39)에 제작된 『어용도사도감의궤』는 숙종의 어용을 그리는 일을 기록한 것이고, 영조대에는 『(세조대왕)영정모사도감의궤』와 『(숙종대왕)영정모사도감의궤』가 제작되었다. 이어 헌종대인 1837년(헌종 3)에 태조의 어진을 모사한 『영정모사도감의궤』가 제작되었고, 고종대에 태조의 어진을 모사한 과정을 기록한 의궤가 세 차례 제작되었으며(1872, 1901,

1902년), 1902년에는 고종의 어진과 황태자의 예진(睿眞)을 직접 그린 과정을 기록한 『어진도감의궤』가 제작되었다. 아홉 건의 의궤 중 일곱 건의 의궤가 기존의 어진을 바탕으로 모사한 '모사도감의궤'이고, 2건은 생존해 있던 국왕의 모습을 담은 '도사도감의궤'이다.

⑦ 왕실의 활쏘기와 『대사례의궤』

왕이 성균관에 행차해 신하들과 활쏘기 시범을 보인 『대사례의궤(大射禮儀軌)』를 통해서는 조선시대 활쏘기의 전통과 문화를 접할 수 있다. 『대사례의궤』는 1743년(영조 19) 윤 4월 7일 성균관에서 대사례를 행한 과정을 기록과 그림으로 정리한 책이다. 『대사례의궤』는 총 5책이 만들어졌다. 어람용 1책을 비롯해 의정부, 사고, 예조, 그리고 대사례 실시장소인 성균관에 1책이 보관되었다. 대사례가 성균관에서 열린 것은 국왕이 친히 성균관에 행차해 유생들을 격려하고 이들에게 심신의 수양을 쌓을 것을 권장하려는 취지에서였다.

⑧ 정조의 화성 건설과 화성 행차에 관한 의궤

(1) 화성성역의궤

정조는 즉위한 후 아버지 사도세자의 무덤을 화산(花山)으로 옮기고 화산에 거주하던 백성들을 새로운 도시로 이주시켰다. 이 신도시가 바로 화성(華城)이며 화성 건설에 관한 전 과정은 『화성성역의궤(華城城役儀軌)』의 기록으로 전해지고 있다. 『화성성역의궤』는 화성 공사가 끝난 1796년(정조 20) 9월부터 편찬 작업이 시작되었고, 1796년 11월 9일 완성되었다. 의궤에는 정조의 편찬 이유가 다음과 같이 기록되어 있다.

> 상이 화성유수(華城留守) 조심태(趙心泰)에게 이르기를 "성을 쌓는 데 든 비용이 거의 80만에 가까운데, 소중한 역사를 조금이라도 구차하게 하고 싶지 않은 것이 나의 본래 생각이었다. 이 책을 간행하여 모든 사람들로 하여금 성의 공사에 관한 본말을 분명히 알도록 해야 할 것이다."

『화성성역의궤』는 80만 냥이란 거금을 투입한 대공사의 종합 보고서였으므로 다른 의궤에 비해 분량이 많은 편이다. 또한 조선왕조의 문예부흥기인 정조대, 그 중에서도 가장 전성기에 속하는 1790년대에 만들어진 책이므로 그 내용이 상세하고 치밀한 것이 특징이다. 『화성성역의궤』는 권수(卷首) 1권, 본문 6권, 부록 3권을 합해 총 10권 9책으로 구성되어 있다. 여기에는 화성의 전체 모습을 그린 화성전도(華城全圖), 화성의 4대문, 비밀 통로인 암문(暗門), 횃불을 올려 신호를 주고받았던 봉돈(烽墩) 등 성벽에 설치된 모든 시설물의 세부도가 그림으로 남아 있다. 또 화성행궁, 사직단, 문선왕묘(文宣王廟: 공자의 위패를 모신 사당), 영화역(迎華驛) 등 화성 주변의 건물이나 시설의 그림도 함께 수록되어 있다. 1975년에 정부에서 화성 성곽의 복원 공사를 시작해 불과 3년 만에 원형에 가깝게 복원할 수 있었던 것도 이 그림의 설명에 힘입은 바 컸다.

이외에도 본문에는 행사와 관련된 국왕의 명령과 대화 내용, 성을 쌓는 데 참여한 관리와 장인들에게 준 상품, 각종 의식의 절차, 공사 기간 중 관련 기관 사이에 오고간 공문서, 장인들의 명단, 소요 물품의 수량과 사용내역, 단가 등이 수록되어 있다. 무엇보다 본문에서 엿보이는 특징은 철저한 기록 정신이다. 장인들의 명단에는 공사에 참여한 1,800여 명의 기술자 명단이 석수, 목수, 니장(泥匠: 흙을 바르는 기술자), 와옹장(瓦甕匠: 기와나 벽돌을 만드는 기술자), 화공(畵工) 등 직종별로 정리되어 있다. 그런데 이들의 이름을 보면 최무응술(崔無應述)·안돌이(安乭伊)·유돌쇠(劉乭金) 등과 같이 하급 신분에 속하는 사람들의 이름이 많이 보이며, 이름 밑에는 근무한 일수를 하루의 반까지 기록하고 이를 계산해 임금을 지급했다. 국가의 공식 기록에 천

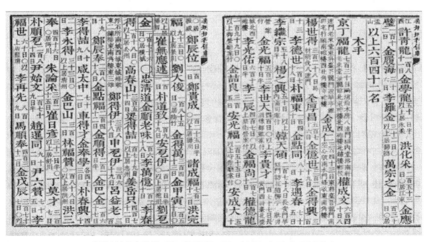

『화성성역의궤』 권4 「공장(工匠: 장인들의 명단)」의 일부.
최무응술, 안돌이, 유돌쇠 등의 천인들 이름도 보인다.

인들의 이름이 보이는 것도 특이하지만, 이들의 작업량을 세밀히 정리해 일일이 품삯을 지급했다는 사실은 놀라운 일이 아닐 수 없다.

화성의 역사(役事)에는 벽돌을 적극적으로 사용했다. 박지원과 박제가는 청의 발달된 문물을 적극적으로 수용하자는 북학론(北學論)을 주장한 학자들인데, 이들이 청에서 도입하자는 문물 중에는 벽돌이 포함되어 있었다. 벽돌은 견고하여 오래 견딜 뿐만 아니라 규격이 일정해 작업하기가 수월하다는 것이 이유였다. 따라서 화성의 4대문을 비롯한 주요 건축물은 벽돌을 사용해 짓고, 성벽의 몸체는 종래와 같이 화강암을 사용했다. 또 화성의 건설에는 과학적 원리를 이용한 새로운 기계도 큰 몫을 했다. 특히 정약용이 발명한 거중기(擧重器)는 움직이는 도르래의 원리를 이용해 성곽 공사에 필요한 무거운 돌을 효율적

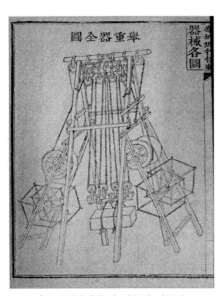

『화성성역의궤』에 기록된 거중기

으로 운반했다. 거중기와 함께 고정 도르래를 이용한 녹로(轆轤)와 유형차라는 수레도 긴요하게 활용되었다. 이처럼 화성은 18세기 후반 이후 새롭게 수용된 과학 사상을 수용하는 시험장과 같은 역할을 하였고, 그 덕분에 10년이 걸릴 것으로 예상했던 공사는 2년 반 만에 끝날

수 있었다.

　정조가 아버지 사도세자에 대한 효심과 왕권 강화를 바탕으로 건설한 화성은『화성성역의궤』라는 철저한 기록정신에 의해 다시 우리 품으로 돌아오게 되었다. 이처럼 조선시대 기록 정신의 전통은 현재를 살고 있는 우리들에게 시사해 주는 바가 크다.『화성성역의궤』속에 그려진 '화성전도(華城全圖)'에는 화성의 각 건물이 도면으로 자세히 그려져 있어 답사의 즐거움을 더해준다. '화성전도'를 펼쳐보며 화성 답사를 떠나보는 것은 어떨까?

　『화성성역의궤』는『영건도감의궤』로 분류할 수 있는데,『영건도감의궤』는 화재로 궁궐이 불에 탄 경우, 이를 보수하고 나

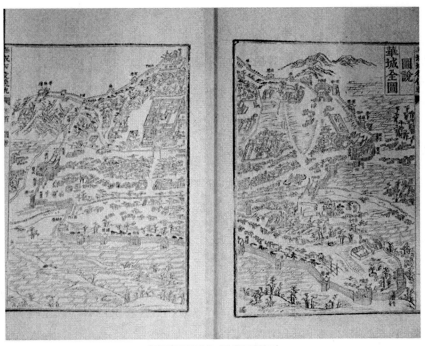

『화성성역의궤』중 '화성전도'

서 건물의 도면과 재료를 기록한 것이 많다. 『경덕궁수리의궤』 『경운궁중건의궤』 『창덕궁영건의궤』 등이 궁궐 영건과 관련된 의궤다. 어진을 봉안한 진전(眞殿) 영건 과정을 기록한 의궤 또한 영건 관련 의궤에 포함시킬 수 있다. 『진전중수도감의궤』 『영희전영건도감의궤』 등이 대표적이다.

(2) 정조의 화성 행차와 『원행을묘정리의궤』

1795년(정조 19)은 정조에게 특별한 의미가 있는 해였다. 어머니인 혜경궁 홍씨(1735~1815)와 죽은 아버지 사도세자(1735~1762)가 회갑을 맞는 해였기 때문이다. 또 한 해 전에 공사를 시작한 화성(華城)이 벌써 어느 정도 윤곽을 드러내고 있었으니 국왕이 직접 공사 현장을 둘러볼 필요도 있는 시기였다. 여기에 더해 정조는 왕위에 오른 지 20년이 다 되어 가는 시점에서 자신의 권위를 펼쳐 보일 필요성도 느꼈다. 그래서 정조는 조선왕조를 통틀어 가장 성대하고 장엄한 행사를 기획하게 되었다. 그것이 바로 '화성 행차'였다. 1795년 화성 행차의 전 과정은 『원행을묘정리의궤(園幸乙卯整理儀軌)』의 기록으로 남았다. 제목을 이처럼 지은 것은 사도세자의 무덤인 현륭원에 행차하였다고 하여 '원행(園幸)', 1795년이 을묘년이어서 '을묘', 정리자(整理字)라는 활자로 인쇄해 '정리(整理)'라고 쓴 것이다.

• 화성 행차의 배경

정조의 화성 행차에는 여러 가지 뜻이 담겨져 있었다. 먼저 정조는 동갑인 어머니와 아버지의 회갑이라는 뜻깊은 해를 맞아 부모에 대한 효를 다하고자 했다. 그는 어머니를 모시고 아버지 사도세자의 무덤이 있는 화성의 현륭원(顯隆園)을 다녀오기로 결심하고, 대대적인 국가행사를 준비했다. 그리고 묘소 참배와 더불어 화성의 행궁(行宮: 국왕이 임시로 머무르는 궁궐)에서 어머니의 회갑연도 성대히 치룰 계획을 세웠다.

그러나 이 행차는 어머니와 아버지에 대한 효심에 의해서만 이루어진 것은 아니었다. 정조는 이 행차를 통해 대내외에 왕권을 과시하고, 자신의 친위군을 중심으로 군사훈련을 실시하고자 했으며 행차와 연계해 과거시험을 치러 인재를 뽑고, 가난한 백성들을 보살피고자 했다. 무엇보다 화성 행차에는 화성을 정치·군사·경제의 중심도시로 키워나가려는 그의 꿈과 야망이 담겨 있었다.

•정조의 화성 행차, 그 8일

정조의 화성 행차는 1794년(정조 18) 12월부터 준비가 시작되었다. 제일 먼저 행사를 주관할 정리소(整理所)를 설치했고, 행사 경비로 10만 냥을 마련했다. 이 경비는 모두 정부의 환곡을 이용한 이자 수입이었다. 그리고 환갑을 맞이한 혜경궁 홍씨가 장거리 여행을 할 수 있도록 특별히 설계된 가마를 2개 제작하였고, 1,800여 명의 행렬이 이동할 수 있는 시흥로(오늘날의 1번 국도)를 건설했다. 또 안전하면서도 적은 비용으로 한강을 건널 수 있도록 고안한 배다리도 마련해 두었다.

'노량주교도섭도(鷺梁舟矯渡涉圖)'를 통해
한강에 마련된 배다리의 모습을 볼 수 있다.

　이러한 준비과정을 거친 후, 본 행사는 1795년 윤 2월 9일
에 시작되었다. 행렬의 모습을 담은 반차도에 나타난 인원은
1,779명이다. 하지만 현지에 미리 가 있거나 도로변에 대기하면
서 근무한 자들도 있었으니 그들까지 포함한다면 6,000여 명
에 이르는 엄청난 인원이 투입된 것으로 보인다. 이렇게 많은
인원을 대동했던 화성 행차는 어떠한 일정으로 진행되었을까?
정조가 떠나기 전에 점검한 일정이 『정조실록』에 잘 나타나 있
다.

하교하기를 "9일에 자궁(慈宮)을 모시고 현륭원에 나아가 참
배 드린 다음, 화성의 행궁에 가서 자궁을 위해 연회를 베풀
고 이어 양로연(養老宴)을 행할 것이다. 성묘(聖廟)에 가서 선
성(先聖)을 참배한 다음 돌아오는 길에 행궁에 들러 과거 시
험을 통해 인재를 뽑고, 다음날 장대(將臺)에 올라 직접 성조
(城操)와 야조(夜操)를 본 다음 장사(將士)를 먹일 것이며 16
일에 환궁할 예정이다. 정리소로 하여금 잘 알아두도록 하
라." 하였다.

                    -『정조실록』, 정조 19년(1795년) 윤 2월 1일

    이를 통해 화성 행차의 주요 행사에는 현륭원 참배와 회갑
연을 비롯해 양로연과 과거시험, 군사훈련 등이 있었음을 알
수 있다. 이 행사들을 『정조실록』과 『원행을묘정리의궤』의 기록
을 바탕으로 하여 날짜별로 정리하면 다음과 같다.
    첫째 날(9일) 새벽에 창덕궁을 출발한 일행은 노량진을 통해
배다리를 건너 노량행궁(용양龍驤 봉저정鳳翥亭)에서 점심을 먹었
고, 저녁에 시흥(始興) 행궁에 도착해 하룻밤을 묵었다. 둘째 날
(10일)에는 시흥을 출발해 사근평(肆勤坪) 행궁에서 잠시 들러
점심 수라를 들었고, 진목정(眞木亭)에서 휴식을 취한 후 장안
문을 거쳐 행궁의 정문인 신풍루(新豊樓)로 들어갔다. 이날 정
조는 행궁 내 왕의 처소인 유여택(維與宅)에서 머물렀다. 이날
비가 왔는데, 험한 길이 나오기만 하면 정조는 번번이 말에서
내려 어머니의 가마 앞으로 나아가 안부를 물었다. 자신의 옷

이 비에 젖는 줄도 모르고 어머니를 살핀 효심이 엿보인다. 정조는 이날 내리는 비에 대한 감회를 다음과 같이 말했다.

> 시신(侍臣)을 돌아보고 이르기를 "오늘 온 비에 군병들의 옷이 젖은 것은 민망한 일이다만 이번 행차야말로 지극히 성대한 거조이고, 이 예(禮)야말로 크나큰 의절(儀節)이니 일마다 완전히 원만하게 되기만을 구할 필요는 없다. 잠깐 비가 왔다가 바로 개면서 앞길을 깨끗이 청소해 주었으니 무슨 상관이 있겠는가? 더구나 농사일이 시작될 즈음에 토지를 적셔 주었으니 어찌 농부에게 기쁜 일이 되지 않겠는가?" 하였다.
>
> ─『정조실록』, 정조 19년(1795년) 윤 2월 10일

셋째 날(11일)에는 화성의 성묘(聖廟)를 참배하고, 새로 간행한 사서(四書)·삼경(三經) 및 노비를 내려주었다. 그리고 수원과 인근의 거주자를 대상으로 별시를 거행해 우화관(于華觀)에서 문관 5인을, 낙남헌(洛南軒)에서 무관 56인을 선발했다. 우화관(于華觀)은 현재 신풍초등학교 교사(校舍)로 사용되고 있으며 낙남헌은 일제강점기에 화성행궁이 대부분 철거될 때도 훼손되지 않고 남아 있던 건물이라는 점에서 의미가 크다.

넷째 날(12일) 아침에는 정조가 어머니를 모시고 아버지의 묘소인 현륭원에 나아가 참배하는 예식을 행했다. 돌아오는 길에 정조는 화성 서쪽 장대(將臺)에 올라 주간 및 야간 군사훈

정조가 주·야간 군사훈련을 직접 주관한 '서장대'

련을 직접 주관했다. 그리고 화성을 둘러보며 하교하기를 "이번
에 와서 남쪽과 북쪽의 성루(城樓) 및 수각(水閣)·장대(將臺) 등
을 보건대 날아갈 듯 아름답고 깎아지른 듯 가파르게 잘 쌓았
으니, 어찌 삼보(三輔)의 중요한 요새지만 될 뿐이겠는가(『정조실
록』, 정조 19년(1795년) 윤2월 12일)."라고 하며 감탄을 아끼지 않았
다. 이에 정조는 "공사가 완공되면 비석을 세워 사실을 기록하
고, 공사를 감독한 여러 사람들의 성명을 나열해 쓴 뒤 만년토
록 역사 속에 기억되도록 하라"고 명하였다.

다섯째 날(13일)에는 봉수당(奉壽堂)에서 행차의 하이라이트
인 어머니의 회갑연이 거행되었다. 이 뜻깊은 행사는 좌석의 배
치와 잔치에 쓰일 춤과 음악, 잔치에 참가할 손님 명단 및 손님
에게 제공되는 상의 숫자와 음식까지 미리 정해져 있었다. 이때
초대된 손님 명단에는 여자가 13명, 남자가 69명이었다. 연회는
미리 짜여있던 의식 절차에 의해 진행되었고, 선유락(船遊樂) 등

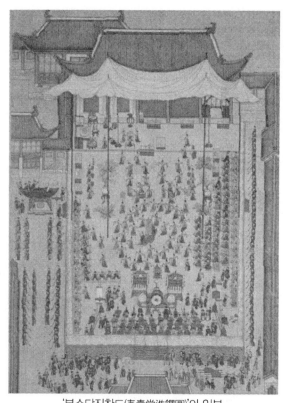

'봉수당진찬도(奉壽堂進饌圖)'의 일부
– 혜경궁 홍씨의 회갑연

이 공연되었다. 정조는 한껏 기분이 좋아져 7언 4운의 율시를 짓기도 했다. 또 노인들에게는 비단을 내리기도 했으며 화성의 축성공사를 감독한 신하들에게 상을 주기도 하였다.

여섯째 날(14일)에는 신풍루에 거동해 화성의 곤궁한 주민들에게 쌀을 나눠주고 굶주린 백성들에게 죽을 먹여주었다. 그리고 낙남헌에서는 양로연을 베풀었다. 여기에서 흥미로운 점은 정조와 노인들의 밥상에 오른 음식이 모두 같았다는 것이다. 즉, 국왕의 밥상을 노인들도 함께 받은 셈이다. 그리고 이렇게 노인들에게 은혜를 베풀게 된 것은 모두 어머니의 덕이라고 표현하였다.

상이 이르기를 "백발 노인들이 자리에 가득하고 검버섯 돋은 이들이 뜰을 온통 채웠으니, 이날 이 저녁이야말로 노인들 세상이라 하겠다. 어제 모두에게 꽃을 꽂아주기는 하였지만 오늘 반열에 참여한 사람들에게는 꽃을 하나씩 더 꽂아 주므로써 보통이 아닌 성대한 모임임을 알도록 해 주어야 할 것이다. …… 장수하게끔 변화된 것도 자궁의 덕으로 말미암은 것이고 노인들이 배불리 먹고 취하게 된 것도 우리 자궁께서 내려주신 것이니, 오늘 노인들이 술잔을 올리며 오래 살기를 축원하는 것 모두를 자궁의 덕으로 돌려야 할 것이다." 하였다.

-『정조실록』, 정조 19년(1795년) 윤 2월 14일

양로연을 끝으로 공식적인 일정은 마무리되었다. 다음날(15일) 정조는 서울로 향할 차비를 했다. 오던 길을 돌아 시흥에 도착해 하룻밤을 잤고, 마지막 날에는 노량을 거쳐 서울로 돌아왔다. 돌아올 때 정조는 아버지의 묘소가 마지막으로 보이는 고갯길에서 계속 걸음을 멈추며 부친과의 이별을 아쉬워했다. 정조는 수원 화성의 총감독을 맡은 채제공(蔡濟恭)에게 걸음이 더뎌지고 머뭇거리게 된다는 뜻에서 이 고개의 이름을 '지지대(遲遲臺)'라 부르도록 명했다. 그리고 그 글자도 첨가해 넣으라 지시했다.

매번 현륭원을 참배하고 나서 돌아오는 길에 미륵현(彌勒峴)에 당도할 때면 고삐를 멈추고 먼발치에서 바라보면서 오래도록 떠나지 못한 채 나 자신도 모르게 말에서 내려 서성이곤 하였다. 이번 행차에서 미륵현의 위쪽에 앉은 자리를 빙

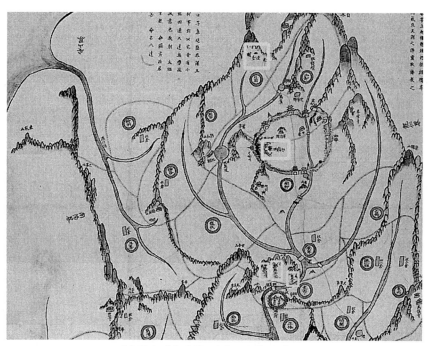

'1872년 지방도' 중 경기도 수원부 지도 :
아래쪽에 건릉(健陵)과 현륭원(顯隆園)·용주사(龍珠寺)가 그려져 있고,
그 위로 화성행궁(和城行宮)이 보인다.
이들을 한 눈에 볼 수 있는 지지대(遲遲臺)가 가장 북쪽에 위치해 있다.

둘러 대(臺)처럼 되어 있는 곳을 보고는 지지대(遲遲臺)라고
명명하였다. 이 뒤로는 행행(幸行)하는 노정(路程)에 미륵현
아래에다 '지지대'라는 세 글자를 첨가해 넣도록 할 일을 본
부(本府)와 정리소(整理所)에서 잘 알아서 하도록 하라.
　　　　　　－『정조실록』, 정조 19년(1795년) 윤 2월 16일

　정조의 효심과 개혁 군주로서의 꿈과 야망을 동시에 볼 수
있었던 화성 행차. 1795년 7박 8일간의 성대한 행차가 있었던
화성 행차의 코스를 따라가 보면서 정조의 꿈과 야망을 만나보

는 것도 좋을 것 같다.

3) 의궤의 자료적 가치

이제까지 의궤를 중심으로 조선시대 왕실문화의 다양한 측면들을 살펴보았다. 무엇보다 의궤에서 돋보이는 것은 철저한 기록정신이다. 행사에 참여하는 인원의 명단은 물론이고 소요 물품의 크기, 재료, 빛깔까지 기록해 현재에도 당시에 행해졌던 왕실 의식을 재현할 수 있게 한다. 참여자는 고위 관리 이외에 그림 제작에 참여한 화원이나 하급 장인들의 명단까지 기록해 모든 사람들이 책임감과 사명감을 가지고 작업에 임하게 하였다. 행사에 소요된 물품의 수량과 총비용, 실제 들어간 물품과 사용 후 남은 물품을 되돌려준 사실까지 기록해 행사에 있어 최대한의 투명성을 유지하였다.

의궤에 첨부된 반차도와 도설은 행사 참여자의 위치와 함께 사용된 물품들의 정확한 모습을 그대로 보여주고 있다. 의궤에 기록된 시각자료들은 왕실 의식을 재현할 수 있는 문화콘텐츠로 널리 활용할 수 있다. 최근 의궤의 기록을 토대로 문화재청과 지방자치단체 등에서는 궁중의식을 재현하고 있다. 선조들의 철저한 기록정신이 후대에 와서도 빛을 볼 수 있음을 보여주는 사례다.

의궤의 기록은 한국학 연구자들에게 다양하고도 상세한 사료들을 제공한다. 반차도에 나타난 인물의 모습과 복장은 미술사나 복식사 연구자에게 많은 정보를 제공하고 있으며 잔치 관련 의궤 등에는 각종 음식에 관한 기록들도 있어 궁중 음식 연구의 기본 자료가 된다. 전통음악 연구자는 행사에 연주된 악장과 악기의 편성, 악기 그림을 살펴볼 수 있으며 궁궐이나 화성 건축 관련 의궤에서는 건물의 구조도와 재료 목록을 분석할 수 있다.

의궤는 2007년 세계기록유산으로 등록되어 세계적으로 그 가치를 인정받았으며 2011년 외규장각의궤의 귀환을 계기로 의궤에 대한 관심은 더욱 커지고 있다. 의궤와 같은 뛰어난 기록문화 유산에 대한 이해와 보급은 전통문화에 대한 관심과 긍지를 높여줄 것으로 기대된다. 세계화의 구호가 물결치는 지금에도 우리 전통문화에 대한 재검토 작업은 여전히 유효하다. 특히 조선시대 왕실문화의 현장은 현재에도 고스란히 남아 있다. 의궤의 기록을 바탕으로 왕실문화의 흔적을 찾아보면서 역사와 전통에 대한 생각을 정리해 볼 것을 권한다.

국왕의 숨결까지 놓치지 않는 기록 - 『승정원일기』

『승정원일기』의 구성

2001년 유네스코 세계기록유산 심의위원회는 한국이 제출한 기록유산을 놓고 격렬한 토론을 벌였다. 문제가 된 책은 바로 『승정원일기』였다. 『조선왕조실록』이 이미 기록유산으로 등록된 마당에 『승정원일기』가 지정되어야 하는 이유를 세계인들은 의아해했던 것이다. 그러나 격론 끝에 『승정원일기』도 세계

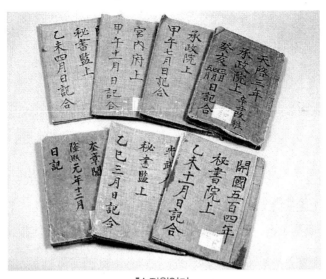

『승정원일기』

기록유산에 등재되었다.

　『승정원일기』는 조선시대 왕명의 출납(出納)을 맡으면서 비서실 기능을 했던 승정원에서 취급한 문서와 사건을 일자별로 기록한 책이다. 원래 조선 건국 초부터 작성된 것으로 여겨지나 현재는 1623년(인조 1)부터 1910년(융희 4)까지 288년간의 기록 3,243책이 남아 있다. 『승정원일기』는 세계 최장의 역사기록물이라 할 수 있으며 1999년 4월 9일 국보 제303호로 지정되었고, 2001년 9월에는 세계기록유산에 등재되었다. 정치의 미세한 부분까지 정리된 방대한 기록, 288년간 빠짐없이 기록된 날씨, 1870년대 이후 대외관계에 관한 상세한 기록 등은 『승정원일기』만이 가지고 있는 가치다. 3,243책으로 구성된 방대한 기록도 『승정원일기』의 자료적 가치를 잘 보여준다.

　『승정원일기』는 실록 편찬에 가장 기본적인 자료로 활용되었으며, 특히 왕의 최측근 기관인 비서실에서 작성함으로써 국왕의 일거수일투족과 정치의 미세한 부분까지 자세히 기록할 수 있었다. 조선시대에는 왕의 초상인 어진(御眞)을 그릴 때도 전신(傳神)이라 하여 왕의 모습과 함께 정신을 옮기는 것에 혼신의 노력을 다하였다고 한다. 왕을 최측근에서 모시는 후설(喉舌: 목구멍과 혀)의 직책에 있었던 승정원의 기록인 만큼 그야말로 왕의 기분, 숨결 하나까지도 놓치지 않고 담으려 했을 것이다.

『승정원일기』의 편찬을 주관한 승정원은 조선시대 왕명의 출납에 관한 일을 맡아보던 기관으로 오늘날 청와대 비서실에 해당한다. 승정원에서는 국왕의 지시사항이나 명령을 정부 각 기관과 외부에 전달하는 역할과 함께 국왕에게 보고되는 각종 문서나 신하들의 건의사항을 왕에게 전달하는 임무를 수행하였다. 승정원은 정원(政院) 또는 후원(喉院), 은대(銀臺)라는 별칭으로 불렸는데 '후'는 목구멍을 뜻하는 한자어로 승정원이 국왕의 말을 대변하는 곳임을 상징한다. '은대'는 중국 송나라 때 궁궐 은대문(銀臺門) 안에 은대사(銀臺司)를 두어 천자(중국의 황제)에게 올리는 문서와 관아 문서를 주관하도록 한 데서 유래한 말이다.

『창덕궁지(昌德宮志)』의 '승정원'조에 의하면 "승정원은 인정전 동쪽에 있다. 하나는 창경궁의 문정문(文政門) 밖에 있는데 왕명의 출납을 맡고 있다"고 기록해 승정원이 궁궐 내부와 외부에 각각 한 곳씩 배치되었음을 알 수 있는데 궁궐 외부에도 승정원을 둔 것은 왕에게 보고할 내용을 보다 쉽게 접수할 수 있도록 배려했기 때문으로 여겨진다. 1820년대 창덕궁과 창경궁의 모습을 담은 '동궐도(東闕圖)'에는 인정전 동쪽 대청(臺廳)과 문서고(文書庫) 사이에 '은대'라는 명칭으로 승정원이 표시되어 있다.

『승정원일기』의 편찬

『승정원일기』는 왕의 비서실인 승정원에서 국정 상황을 매일 일기로 기록하고 이것을 월 단위로 모아 편찬한 책이다. 승정원의 가장 중요한 업무가 『승정원일기』의 편찬이었다. 편찬은 '승사(承史)'라 칭하는 승지와 주서(主書)가 공동으로 담당하였으며 최종 기록은 주서들에게 맡겨졌다. 승지는 무관도 임명될 수 있었으나 주서는 반드시 학문과 문장이 검증된 문관을 뽑아 임명했다. 또 주서는 춘추관 기사관을 겸임하게 하여 승정원을 거친 문서나 기록뿐만 아니라 실록 편찬에 참고했던 국내외의 각종 기록들을 두루 검토, 정리하는 임무를 수행케 했다.

『승정원일기』는 조선 왕조가 건국된 후 매일 기록된 일기이므로 일기의 전량이 남아 있다면 6,400여 권에 달하는 방대한 분량이었을 것이다. 그러나 조선 전기에 기록된 『승정원일기』는 임진왜란이나 1624년 '이괄의 난' 같은 병화와 정변으로 대부분 소실되고, 인조대 이후의 것만 남아 있다. 이후에도 1744년(영조 20)과 1888년(고종 25)에 몇 차례 화재를 겪었고 일부가 사라졌다. 그러나 그때마다 세자시강원(世子侍講院)의 기록인 『춘

지정일	지정번호	도서명	책수
1999년 4월 9일	국보 제303호	승정원일기(承政院日記)	3,045책
		승선원일기(承宣院日記)	4책
		궁내부일기(宮內府日記)	5책
		전비서감일기(前秘書監日記)	8책
		비서원일기(秘書院日記)	115책
		후비서감일기(後秘書監日記)	33책
		규장각일기(奎章閣日記)	33책
		계	3,243책

『승정원일기』의 국보 지정 내역

방일기(春坊日記)』와 『조보(朝報)』, 주서를 지낸 사람의 기록인 『당후일기(堂後日記)』, 지방에까지 널리 수집한 각종 기록들을 정리하고 종합해 빠진 부분을 채워나갔다.

　『승정원일기』의 명칭은 근대 이후 정부의 관제가 개편되면서 『승선원일기』『궁내부일기』『비서감일기』『비서원일기』『규장각일기』로 바뀌었다. 1894년 이후 다양한 명칭의 『승정원일기』가 나타나는 것은 근대 이후 왕실 비서실 기능의 거듭되는 변화와 궤도를 같이한다. 이는 결국 우리 근대사의 아픔을 『승정원일기』가 함께 겪었음을 여실히 보여주는 것이다. 역사의 격동 속에서도 『승정원일기』는 계속 기록되어 총 3,243책이 우리에게 전해졌다.

국왕의 숨결까지 전달한 철저한 기록정신

『승정원일기』는 무엇보다 매일의 기록이라는 점에서 가장 큰 의미가 있다. 하루도 빠짐없이 쓰였기 때문에 하루의 정치, 한 달의 정치, 일 년 정치의 흐름을 파악할 수 있다. 또한 국왕의 동정을 비롯해 정치의 주요 현안이 되는 자료, 중앙이나 지방에서 올린 상소문의 원문을 거의 그대로 수록하고 있어 1차 사료로써의 가치도 돋보인다. 아울러 국왕의 건강이나 심리 상태에 대한 기록이 자세하고, 국왕의 정무를 보던 장소와 시간대별로 국왕의 이동 상황 등을 반드시 기록했기 때문에 국왕의 동선(動線) 파악도 할 수 있다. 특히 국왕이 주체가 된 행사의 경우, 다른 자료와 비교해보면 『승정원일기』의 기록이 훨씬 세밀하다.

『승정원일기』가 비서실의 기록인 만큼 왕과 신하들의 독대 기록은 특히 자세하며 왕의 표정이나 감정 하나까지도 상세히 표현되어 있는 경우가 많다. 또 역대 국왕들이 자신의 병세를 신하들에게 이야기하고 약방이나 의원들에게 자문을 구하는 등 국왕의 기분과 병세, 나아가 왕실의 건강 상태에 대해서도 많은 분량이 할애되고 있다. 국왕의 언행, 미묘한 기분 하나까지도 놓치지 않으려 했던 철저한 기록정신! 이것이야말로 세계적으로 가장 방대한 분량의 기록물 『승정원일기』가 탄생할 수 있었던 동력이었다.

『영조실록』 36년 3월 16일에는 국가적 사업으로 추진한 청계천 준설공사를 완료하고 『준천사실(濬川事實)』이라는 책자를 완성한 내용이 담겨 있다. 영조가 담당자 홍봉한에게 준천한 뒤에 몇 년간 지탱할 수 있는가를 묻자 그 효과가 백년은 갈 것이라는 대답이 돌아온 사실도 기록하고 있다. 그런데 같은 날짜 『승정원일기』에는 실록에서 간단히 요약된 사항이 매우 자세히 실려 있다. 우선 국왕과 함께 면담한 인물들의 관직과 성명, 국왕과 신하들의 대화 내용이 모두 실려 있다. 왕이 직접 준천한 경계를 묻자 호조판서 홍봉한이 송전교에서 광통교에 이르는 지역이라고 답했으며, 수표교에서 광통교에 이르는 지역은 넓어서 공사가 힘들었다는 구체적인 내용, 국왕이 직접 『준천사실』이라는 책명을 정한 사실 등은 『승정원일기』를 통해서만 알 수 있다.

　왕의 숨결까지 느낄 수 있을 정도로 방대하고 치밀한 『승정원일기』의 가치를 더욱 돋보이게 하는 요소는 앞부분에 기록된 날씨 정보다. 『승정원일기』에는 288년의 날씨가 빠짐없이 기록되어 있다. 청(晴: 맑음), 음(陰: 흐림), 우(雨: 비), 설(雪: 눈) 등으로 기록되어 있는데 '오전청오후설(吾前晴吾後雪: 오전에 맑았다가 오후에 눈이 옴)' '조우석청(朝雨夕晴: 아침에 비가 왔다가 저녁에 갬)' 등으로 하루 날씨의 변화까지 기록하였으며, 비가 내린 날은 측우기로 수위 측정한 결과를 꼼꼼히 정리하였다. 『승정원일기』의 날씨 기록만 모아도 전통시대 기후 연구에 큰 도움이 될 것이다. 나아가 이를 통계 처리하면 세계 기후 조사의 표본으로 활용할 수도 있다. 『승정원일기』는 역사기록물로써 뿐만 아니라 자연과학 연구에도 소중한 자료가 될 수 있다.

매일의 생활을 반성하는 왕의 일기 –『일성록』

『일성록』 편찬의 역사

정조는 조선의 국왕 중 여러 면에서 모범을 보인 인물이다. 그중에서도 매일 일기를 쓰고 이를 국정 기록으로 남긴 점은 국왕으로서 정조의 능력을 다시금 새겨보게 한다.『일성록』의 모태가 된 것은 정조가 세손에 있을 때부터 쓴『존현각일기(尊賢閣日記)』였다. 정조는 증자가 말한 '오일삼성오신(吳日三省伍身: 나는 매일 나를 세 번 반성한다)'에 깊은 감명을 받아 일찍부터 일기 쓰는 습관을 들였고, 왕이 된 후에는 날마다 국정 일기를 쓰게 했으니 이것이 바로『일성록』의 탄생 배경이다.

1785년(정조 9) 정조는 자신이 탄생한 후부터『존현각일기』에 이르기까지의 내용과 즉위한 후의 행적을 기록한『승정원일기』등을 기본 자료로 하여 중요사항을 강(綱)과 목(目)으로 나누어 왕의 일기를 편찬할 것을 명했다. 규장각 신하들이 실무를 맡았고, 1760년(영조 36) 정조가 세손으로 있을 때부터의 기록이 정리되었다. 조선시대에는 왕의 비서실인 승정원에서 작성하는『승정원일기』가 있었다. 따라서 정조는『승정원일기』와는 다른 방식의 편찬을 지시했고, 결국『일성록』은 주요 현안을 강과 목으로 나누어 국정에 필요한 사항을 일목요연하게 찾을 수 있는 방식으로 만들어졌다.

정조는 왕의 문집인『홍재전서(弘齋全書)』에서 '승정원의 주서는 그 상세한 기술과 빈틈없는 수록에 있어 아마 십분의 일에

『일성록』

도 미치지 못할 것이다. 대개 신하들을 인접(引接)하고 경연 석상에서 수응(酬應)한 내용, 관료들이 정사에 대해서 논의한 내용, 상소나 상차(上箚), 안으로 백사(百司)의 문건에 대한 판단과 밖으로 팔도의 장계(狀啓)에 이르기까지 조금도 빠뜨림이 없고 포괄하지 않음이 없으니 실로 거대한 전거(典據)이고 광대한 기록이다'라고 하여 『일성록』을 통해 왕의 일거수일투족을 모두 담고자 했다.

또 정조는 중국에서는 당나라 이래로 중서성에 시정기(時政記)를 비치하고 추밀원에 내정일력(內廷日歷)을 비치해왔다면서 '우리 왕조에 승정원에 일기를 두고, 내각에 일성록을 두게 된 것도 이러한 의미이다'라 하여 『일성록』과 『승정원일기』를 함께 편찬하는 것이 큰 의미가 있음을 강조하였다. 결국 『일성록』과 『승정원일기』가 모두 국보이자 세계의 기록유산으로 지정되었으니 정조의 확신이 맞아 떨어진 것 아닐까?

한편 『홍재전서』 중 「군서표기(群書標記)」의 기록에 '1783년부터 국무가 늘어나고 그에 따라 자신이 직접 기록하기에는 양이 너무 많아져 규장각신에게 명하여 『일성록』을 편찬하게 하였다'고 기록되어 있어 『일성록』은 정조 시대 규장각이 정비되어가는 상황과 맞추어 규장각 신하들을 중심으로 편찬했음을 알 수 있다. 『일성록』은 정조부터 마지막 왕 순종까지 150년간에 걸쳐 기록된 2,327책으로 구성되어 있다. 1973년 국보 153호로 지정되었으며 2011년에는 세계기록유산으로 지정되는 경사를 맞이하기도 했다. 현재는 규장각한국학연구원의 국보 서고에 보관되어 있다.

표제(表題), 요점 중심의 기록

정조대에 시작된 『일성록』의 편찬 작업은 조선이 멸망한 1910년까지 151년간 계속되었다. 『일성록』에는 국왕 주변에서 매일 일어난 일들이 요점 정리 방식으로 간추려져 있다. 신하들이 올린 상소문을 비롯하여 국왕의 동정과 윤음(綸音: 임금이 백성이나 신하에게 내리는 말), 암행어사의 지방 실정 보고서, 가뭄·홍수 구호 대책, 죄수 심리, 정부에서 편찬한 서적, 왕의 행차 때마다 처리한 민원 등이 월·일별로 기록되어 있다. 내용은 주요 현안을 요점 정리하고 기사마다 표제를 붙여 열람을 편리하게 했다. 예를 들어 1776년(정조 즉위년) 3월 4일의 경우 '강계의 삼(參) 값과 환곡의 폐단을 바로잡도록 명하였다'는 표제어를 기록해 이날의 주요 현안이 환곡 문제였음을 한눈에 알게 했다.

『일성록』의 첫 부분은 날씨로 시작한다. 『일성록』의 날씨 기록은 『승정원일기』의 날씨 기록과 함께 조선시대 기상 상황을 체계적으로 파악할 수 있게 한다. 오늘날 어린이들이 일기 첫머리에 꼭 날씨를 기록하는 것도 어쩌면 이러한 전통의 산물인지 모르겠다. 한 글자 한 글자 붓으로 써 내려간 이 책에서 유난히 눈에 띄는 용어는 나를 지칭하는 '여(予)'다. 일인칭 한자인 '여(予)'는 『조선왕조실록』이나 『승정원일기』에서 국왕을 지칭하는 '상(上)'과 대비되면서 왕 스스로 쓴 일기임을 확실히 증명해준다.

『일성록』에는 위민 정치를 실천한 정조의 모습이 잘 나타나 있다. 격쟁(擊錚: 꽹과리를 두드려 억울함을 호소함), 상언(上言)에 관한 철저한 기록이 그것으로 『일성록』에는 1,300여 건 이상의 격쟁 관련 기록이 실려 있다. 정조는 행차 때마다 백성들의 민원을 듣고 그 해결책을 신하들에게 지시하였는데 『일성록』의 기록을 통해 백성들과 직접 소통하고자 했던 정조의 모습을 읽어볼 수 있다. 『일성록』에는 실록이나 『승정원일기』에 기록되지 않은 내용들도 다수 수록되어 있다. 예를 들어 정조가 왕세손으로 있으면서 올린 혼례식 과정은 『영조실록』이나 『승정원일기』에는 매우 소략하게 정리되어 있지만, 당사자인 정조의 일기 『일성록』에는 아주 상세하게 기록되어 있다. 『일성록』에 기록된 수치들은 매우 구체적이다. 이는 선례를 참고해 국정을 원활히 이끌어나가기 위함이었다. 또 『고종실록』이나 『순종실록』이 일제 주도하에 편찬되어 사료적으로 한계가 많은 점을 고려하면 『일성록』의 기록은 한말의 역사를 보다 객관적으로 이해하는 데 있어서도 매우 소중하다.

조선 후기 지도 제작의 결정체 - 『대동여지도』

절첩식 지도

현재 서울대학교 규장각 한국학연구원 지하 1층 전시실 벽면에는 가로 3.3m, 세로 6.7m 크기의 장대한 지도가 걸려 있다. 22첩으로 구성된 책자들을 모아 한눈에 볼 수 있게 만든 지도로 한국인이면 누구나 그 이름을 들어보았을 바로 그 지도, 김정호의 『대동여지도(大東輿地圖)』다.

『대동여지도』가 김정호의 작품이라는 것은 누구나 알고 있지만, 대부분 『대동여지도』를 '지도'로만 알고 있고 책자 형태의 지도첩이 모여 완성된 것이라는 사실은 잘 알지 못한다. 『대동여지도』는 1책에서부터 22책에 이르는 책자로 모두 펼치면

『대동여지도』 원본을 관람하는 모습

우리나라 전도(全圖)가 되는 절첩식(접었다 폈다 할 수 있는 책자 형식) 지도다. 축척은 약 16만분의 1이며, 각 책은 세로 30.2cm, 가로 20.1cm 크기이고, 8폭으로 접을 수 있다. 『대동여지도』의 실물을 처음 본 사람은 우선 그 크기에 압도된다. 거기에다 보급을 위해 목판으로 새겼으니 김정호는 정말 대단한 인물임에 틀림이 없다.

　김정호는 왜 일생을 그토록 지도 제작에 매달린 것일까? 지도 제작을 위해 백두산에 여러 차례 올라갔다는 일화가 전해지듯 김정호는 우리 국토의 모습 전체를 지도에 담으려는 열정 있는 지도 마니아였다. 물론 이러한 지도 제작의 배경에는 지도 수요층의 증가라는 시대 상황이 반영되어 있다. 전국의 관공서나 양반들이 지도 하나쯤 갖는 것이 보편화되었고, 조선 후기 상업의 발달도 한몫 했을 것으로 보인다. 상인들에게는 전국을 권역별로 자세히 파악할 수 있는 정보인 지도가 필요했을 것이고, 김정호가 만든 절첩식 형태의 지도는 상인들이 휴대하기에도 매우 편리했을 것이다. 『대동여지도』에 각 고을의 거리를 십 리마다 표시한 것이나 역이나 원 등 상업과 관련된 정보가 자세한 것도 이를 입증한다. 아울러 목판으로 지도를 제작해 대량 보급을 꾀한 것은 그만큼 이 시기에 지도 수요가 광범위했음을 뜻한다. 또 김정호는 목판 제작 기술 능력 또한 매우 뛰어난 인물이었을 것으로 추정된다. 정교한 손기술 없이 『대동여지도』와 같은 정밀하고 방대한 지도의 판각은 거의 불가능하다고 여겨지기 때문이다.

전대 지도 제작의 성과를 계승하다

김정호는 자타가 공인하는 우리나라 최고의 지도 제작자였다. 그러나 그가 남긴 위대한 업적에 비해 그의 생애에 대해서는 별로 알려진 것이 없을 뿐만 아니라 오히려 부정확하게 알려진 이야기들이 많다. 이는 무엇보다 그가 중인 출신으로 그에 관한 공식 기록이 거의 없는 데 연유한다. 김정호에 관한 가장 자세한 기록은 중인 출신 유재건이 저술한『이향견문록(里鄕見聞錄)』인데, 그는 다음과 같이 김정호의 업적을 적었다.

김정호는 고산자(古山子)라 하였는데 본래 기교한 재예(才藝)가 있고, 특히 지도학에 깊은 취미가 있었다. 그는 두루 찾아보고 널리 수집하여 일찍이 '지구도(地球圖)'를 제작하고, 또『대동여지도』를 만들었는데 자신이 그림을 그리고 새겨 인쇄한 뒤 세상에 펴냈다. 그렇게 상세하고 정밀한 것은 고금에 그 짝을 찾을 수 없다. 내가 한 질을 구해 보았더니 진실로 보배 삼을 만한 것이었다. 그는 또『동국여지고(東國興地攷)』 10권을 편찬했는데 탈고하기 전에 세상을 떴으니 정말 애석한 일이다.

김정호는 중인(中人) 출신으로 중인들은 오래 전부터 지도 제작의 실무를 맡아오고 있었다. 그러나 김정호처럼 독자적으로 지도와 지리지를 기획하고, 그 역사적 의의를 언급한 사례는 없었다. 이는 중인들의 의식이 전보다 성장하고 있음을 보여주는 것이기도 하다. 그러나 무엇보다 김정호의 지도 제작에는 전대(前代)의 성과들이 큰 바탕이 되었다. 16세기인 명종 대에 이미 전국지도인 '조선방역도'가 제작되었으며, 17세기 이후에는 양란을 경험하고 난 이후 국경 지역에 대한 한층 정밀한 정보가 요청되면서 군사 지도가 점차 제작되었는데, 남구만의 '함경도지도'가 대표적이다. 영조대인 18세기에는 정상기, 정항령 부자가 '백리척(百里尺)'이라는 자를 만들어 '동국지도'를 제작해 지도 제작 기술의 수준은 훨씬 높아졌다.

영조대 후반에는 신경준이 '동국여지도'를 완성했는데, 이 지도에도 땅의 측량과 축적을 활용한 방격법(方格法)과 백리척이 활용되었다. 이러한 전통은 정조 시대에 계승되어 다양한 지도

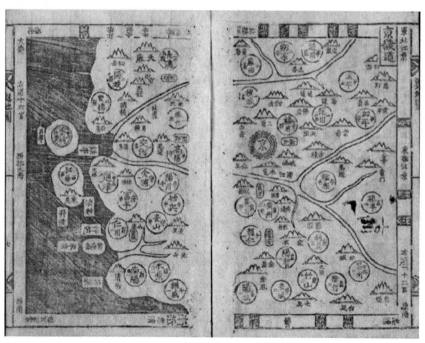

신경준의 '동국여지도' 중 경기도의 모습

들이 제작되었다. 특히 열람과 휴대의 편리를 위한 휴대용 지도들이 만들어졌다. 이처럼 조선시대에는 일찍부터 지도 제작이 활발히 이루어졌으며, 조선 후기에는 보다 과학적인 방법으로 지도들이 제작되었다.

김정호는 전대에 제작된 이러한 지도의 성과들을 충분히 활용하고, 당시 서양에서 들어온 지도 제작 기법을 도입해 지도 제작에 매진하였고, 그 결정체 『대동여지도』를 탄생시켰다. 마치 정약용이 실학을 집대성한 『여유당전서』를 집필하기까지 전대 실학자들의 연구 성과들이 바탕이 된 것처럼 말이다.

김정호는 『대동여지도』에 앞서 전국을 동서로 22판, 남북으로 29층으로 구획한 방안지도인 『청구도』를 만들었다. 그러나 『청구도』는 책으로 묶여 있어 상하 연결 관계를 파악하기 힘든 단점이 있었다. 김정호는 『대동여지도』에서 위아래 층을 연결시켜 볼 수 있도록 하여 각 지역의 연결 관계를 유기적으로 파악할 수 있게 했다. 이는 책자 형태로 된 현대의 지도 제작 방식과 유사하다. 한편 김정호가 선진 지도 제작 기술을 도입하는 데는 최한기, 최성환, 이규경과 같은 중인 학자들의 도움이 컸다. 이들은 교류를 통해 선진 정보들을 주고받으며 새로운 지식을 습득해나갔다. 김정호는 1834년에 최한기가 기획한 '지구전후도'의 목판 작업을 담당한 경험이 있었으며, 이규경은 자신의 저작 『오주연문장전산고』에서 김정호가 제작한 지도들을 소개하기도 하였다.

『대동여지도』의 또 다른 짝 - 『동여도(東輿圖)』

『대동여지도』에는 산과 산줄기, 하천, 바다, 섬, 마을을 비롯해 역참, 창고, 관아, 봉수, 목장, 진보(鎭堡), 읍치, 성이(城址), 온천, 도로 등이 고스란히 담겨 있다. 또한 범례에 해당하는 지도표를 만들어 훨씬 용이하게 지도를 볼 수 있게 하였다. 이것은 『대동여지도』가 목판본으로 제작되었기 때문에 필사본에서처럼 복잡한 글씨나 그림을 그리기가 매우 어려운 것을 보완하기 위해서였다. 복잡한 내용을 최대한 간단한 기호로 표시함으로써 목판본 지도의 단점을 보완한 것이다. 특히 도로는 하천과 혼동할 우려가 있기 때문에 직선으로 그리고, 10리마다 거리를 표시해 축척의 기능도 하게 하였다.

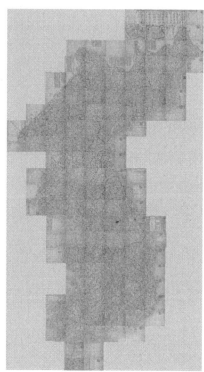

『동여도』(보물 제1358호)

『대동여지도』의 정밀함은 20세기 초 일본 해군이 보유한 근대식 지도보다 더 우수한 것으로 평가받고 있다. 그만큼 김정호의 지도 제작 능력과 판각 기술은 뛰어났다. 한편 『대동여지도』의 모본(母本)으로 추정되는 『동여도』 23첩이 규장각에 소장되어 있는데, 『대동여지도』가 목판본인데 비해 『동여도』는 채색

필사본이다. 『동여도』는 직접 손으로 그려 『대동여지도』보다 정밀하다. 목판에는 새길 수 없었던 내용까지 넣어 5,000여 개 이상의 정보가 더 들어가 있다고 알려져 있다. 『동여도』는 우리나라 고지도 가운데 가장 많은 정보를 담고 있는 전국지도로, 그 가치는 『대동여지도』와 견줄 만하다. 아마 김정호는 필사본 『동여도』를 제작한 후 대중들에게 보급하기 위해 목판본 『대동여지도』를 제작한 것으로 보인다.

『대동여지도』에는 목판에 한 고을 한 고을 새겨나간 김정호의 숨결이 배어 있다. 평생을 지도 제작에만 매달린 열정의 선각자로 인해 우리는 150여 년 전 조선 산천의 모습을 생생히 확인하는 행운을 누리고 있다.

대원군이 만든 459장의 지방지도

140년 전 조선의 생활상이 반영된 지도

해남과 진도의 거북선, 천안의 관아 건물에 표시된 태극무늬, 양양의 설악산 아래 오색리 약수, 선산의 의구총(義狗冢), 남원의 방풍림, 주요 지역마다 표시된 사고(史庫), 태실(胎室), 척화비(斥和碑)와 사창(社倉). 이러한 정보가 모두 생생하게 표시된 자료가 있다. 바로 대원군 시대 1872년에 그려진 459장의 지방지도들이다. 이 지도들은 현재 규장각에 소장되어 있는데, 마치 1876년 개항을 맞이하기 직전 조선의 마지막 모습을 담은 기록 필름처럼 느껴진다.

1866년의 병인양요, 1871년의 신미양요 등 서양 열강과의 잇따른 전투에서 승리한 대원군은 국방 강화의 필요성을 다시금 인식하였다. 전국에 '양이침범(洋夷侵犯) 비전즉화(非戰則和) 주화매국(主和賣國: 서양 오랑캐가 침범을 하는데 전쟁을 하지 않고 화친을 주장하는 것은 나라를 파는 것이다)'이라는 글자를 새겨 넣은 척화비를 세우면서 항전의 결의를 굳게 다진 것도 이러한 인식의 발로였다. 대원군은 서양의 동점(東漸)에 대해 적극적인 대응책을 구상하였다. 관제와 군제의 개편, 군사 시설 확충과 함께 전국 각 지역, 특히 군사시설을 상세하고 정확하게 파악하기 위해 각 지방의 읍지 편찬을 명하는가 하면 전국지도 제작을 지시하였다.

1871년 전국에 읍지 편찬 작성을 명령한 대원군은 이듬해인 1872년 3월에서 6월에 걸쳐 전국 각 지방의 지도를 그려 올리게 했는데, 이들 지도 전체가 규장각에 소장되어 있다. 459장의 지도에는 섬, 진 등 국방에 관한 내용을 비롯해 조선시대 각 군현의 특징적 정보들이 고스란히 담겨 있다. 130여 년 전 조선 사회의 이모저모를 입체적이고 생동감 있게 살펴볼 수 있는 것이다. 1872년의 지방지도는 오늘날 지도와는 달리 산수화풍으로 그려져 있어 한눈에 아름다운 느낌이 들며 고을 전체의 모습을 파악할 수 있다.

이러한 지도 제작에는 사물을 정확히 표현할 수 있는 능력을 지닌 전문 화원들의 역할이 컸다. 조선의 화원들은 기존에 알려진 것과 달리 개인적 작품보다 지도, 기록화 제작과 같은 국가 공식 행사에 참여하는 경우가 훨씬 많았다. 화원들은 기록을 담는 사진사 역할을 한 것이다. 우리가 흔히 접하는 풍속화는 화원들이 국가의 각종 행사에 동원되고 남은 시간에 자신의 기량을 키우는 방편으로 그린 것이 대부분이었다.

대원군의 명으로 제작된 이 지도는 도별로 제작되었기 때문에 각 지역마다 독특한 양상을 띠고 있다. 이중 가장 회화적으로 그려진 전라도의 지도들은 음양오행 사상에 입각해 청, 백, 홍, 흑, 황의 색채를 적절하게 조화시켰으며 예술적 가치도 뛰어나다. 오늘날 호남 지방이 예향(藝鄕)으로 불리는 데는 조선시대 화원들의 예술적 전통이 한몫했다는 생각이 든다.

거북선부터 태안반도 운하까지

1872년에 제작된 지방지도의 가장 큰 특징은 전국 대부분의 지방을 포함하고 있는 '대축척 대형 낱장 지도'라는 점이다. 각 지도의 크기는 가로 70~90cm, 세로 100~120cm 정도로 지역마다 크기가 조금씩 다르다. 오늘날의 측량 지도와 같이 정확한 지도는 아니지만, 지도의 내용은 매우 상세하고 정밀하며 회화적 아름다움을 지니고 있다. 산과 하천, 도로, 고개, 성곽, 포구, 능원(陵園), 사찰, 서원, 향교, 누정(樓亭), 면리, 역, 점(店), 시장(市場)에 이르기까지 각 지역의 모습을 그 어느 지방지도보다 상세히 담았다.

대원군 대의 국가정책을 반영하듯 사창(社倉)이 전국에 그려진 것도 흥미롭다. 대원군은 고리대금업으로 전락한 환곡제의

1872년 지방지도 중
고부군(古阜君: 지금의 전북 정읍시 일대) 지도

폐단을 극복하기 위해 전국에 사창을 설립할 것을 지시하고 구체적으로 실현되었는지의 여부를 지도를 통해 확인한 것으로 보인다. 아울러 대원군이 강력하게 추진한 해방(海防) 정책이 특히 강조되어 있다. 각 지방에 소속된 영(營), 진보(鎭堡), 목장, 산성 등 군사 시설을 별도로 그린 지도도 다수 포함하고 있다. 국경 방어와 관련된 진보 지도의 경우 경기도 2매, 전라도 28매, 경상도 41매, 황해도 19매, 평안도 45매, 강원도 2매 등 총 139매에 달한다. 전체 지도의 30% 정도가 국방지도라는 사실은 전국에 그려진 척화비와 함께 대원군의 대외정책 방향을 상징적으로 보여주고 있다.

오늘날 부산광역시를 포괄하는 동래부 지도에는 국방을 중시했던 당대의 분위기가 압축적으로 표현되어 있다. 읍치에는 군사적 목적으로 축조된 읍성이 그려 있는데 익성(翼城), 옹성(甕城)으로 이루어진 모습과 성을 둘러가면서 세워진 망루의 모습이 성내의 관아 건물과 함께 자세히 묘사되고 있다. 조선시대 동래부는 왜적 방어의 최전방 기지였다. 읍성을 중심으로

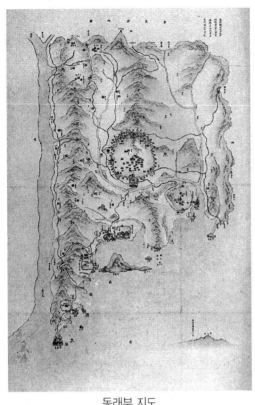
동래부 지도

해안 지역에 좌수영, 부산진, 다대진(多大鎭) 등의 진영이 그려져 있으며 북쪽에는 금정산성의 모습도 나타난다. 남쪽의 절영도(絶影島) 근처에는 왜인들과 교역을 했던 왜관(倭館)이 그려져 있다. 동래부 전체가 동남해안 방어의 중심지임이 확연히 나타나고 있다.

이외에도 각 지방의 지도에 담긴 내용은 다양하다. 우선 읍성 안의 관아 배치, 산과 하천, 도로, 시장, 고적, 봉수(烽燧), 조선시대 농협의 기능을 했던 사창(社倉) 등은 거의 모든 고을에 표시되었다. 왕이나 왕자, 공주의 태를 봉안한 태실, 실록과 의궤 등 기록물을 보관한 사고(史庫), 의로운 소와 개의 무덤인 의우총(義牛塚)과 의구총(義狗冢) 등은 연고 지역에 나타나 있다. 왕실, 기록물, 의리 등을 중시했던 선조들의 의식을 엿볼 수 있는 대목이다. 각 지역 관아 뒤편에 둥근 형태 또는 가시나무로 둘러쳐진 형태 등 각기 다른 모습을 한 감옥이 거의 모든 지역에 그려진 것도 흥미롭다. 지도에 감옥을 그려 넣음으로써 사람들에게 죄를 짓지 말라는 메시지를 강하게 전하고자 했던 건 아닐까?

천안 지도에는 차령을 넘어 호남으로 통하는 길목마다 둥근 원 안에 점(店)이 여러 곳에 표시된 것이 눈에 띈다. 점은 민간 숙박업소를 의미하는 곳으로, 원래 관원들의 숙박업소인 역원(驛院)이 있었는데 조선 후기에 이르면 이처럼 민간 숙박업소가 교통의 요지에 등장한다. 천안 지도에 보이는 '삼기리(三岐里)'는 지금도 유명한 '천안삼거리'를 표시한 것으로 조선시대부터 이 명칭이 사용되어왔음을 알 수 있다.

무주 지도에는 적상산사고의 모습이 부속건물까지 매우 상세히 그려져 있는데, 이 한 장의 지도가 사고 복원에 큰 도움이 되었다. 강원도 양양의 지도에는 지금도 관광지로 유명한 설악산의 오색온천이 표시되어 있다. 전라도 해남과 진도, 순천 지도에 표시된 구선(龜船)은 당시에도 거북선이 존재했음을 알려주며 오작교와 광한루가 과장되게 그려진 남원 지도는 당시에도 남원이 춘향의 고을이었음을 짐작케 한다. 개성의 지도에 그려진 선죽교 역시 정몽주를 오래도록 기억하게 만들었을 것이다.

태안 지도에는 굴포(掘浦) 부근에 점선으로 표시된 부분이 있는데 이 점선의 의미는 무엇일까? 바로 운하 공사 예정지다. 당시 호남의 세곡(稅穀)은 서해를 통해 한강을 거쳐 경창(京倉)으로 들어왔다. 그런데 태안 앞바다에서 세곡선이 자주 침몰하는 일이 발생하자 고려시대부터 운하 공사를 시작했고, 조선시대에도 공사가 여러 번 시도되었다. 태안과 서산을 잇는 운하(태안 지도에는 굴포와 흥인교를 연결하는 점선으로 표시) 공사가 여전히 큰 숙제였음을 보여주고 있는 것이다. 지도의 색채 또한 아름답다. 광물이나 식물에서 채취한 천연 물감으로 그려 색채가 선명하고 변색이 되지 않는 장점이 있다. 천연색으로 표현된 지도는 예술적으로도 높은 가치를 지니고 있다.

459곳 군현의 모습이 담긴 1872년 지방지도는 각 지역의 140여 년 전 모습을 파악할 수 있을 뿐만 아니라, 현대의 도시로 발전한 과정을 이해하는 데 큰 도움이 된다. 잃어버린 전통 사회의 모습을 찾아보는 데 1872년 지방지도와 같은 귀중한 자료가 적극 활용되어야 함은 물론이다.

춘향의 고을, 남원 지도 꼼꼼히 보기

1872년 흥선대원군의 주도하에 제작된 459장의 군현지도 중 '남원부지도'는 가장 아름다운 지도로 꼽힌다. 화려한 색상으로 한 폭의 그림과 같은 예술의 경지를 보여주는 것은 물론이고 상세한 내용까지 담고 있어 중요 자료로서의 가치도 지니고 있다. 당시 고을의 모습을 생생하게 보여주고 있는 남원부지도를 꼼꼼히 살펴보면 많은 정보를 얻을 수 있다.

먼저 남원은 산으로 둘러싸여 있고, 안쪽에는 평야가 발달해 있는 모습을 볼 수 있다. 이 평야는 북쪽 장수팔공산(長水八公山)에서 발원한 요천(蓼川)을 끼고 좁고 길게 분포하고 있다. 요천은 고을의 중심부를 관통하면서 남쪽 섬진강으로 흘러 들

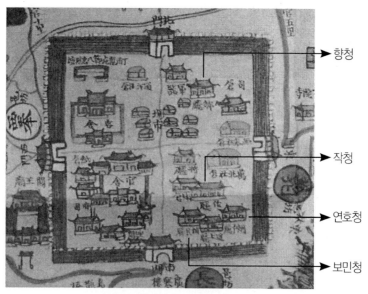

향청

작청

연호청

보민청

'남원부지도'의 읍성 부분

어간다. 이곳을 『택리지』에서는 '전라도 남원의 요천은 땅이 비옥한 이름난 마을이라 대를 이어 사는 토호가 많다'라고 이야기하고 있다.[10]

이 지도의 특징 중 하나는 지역의 중심공간인 읍성을 중앙에 두고 부각시키고 있다는 점이다. 정방형의 읍성은 문루와 함께 잘 그려져 있는데, 현재 남아있지는 않지만 대략 위치는 추정이 가능하다. 현재 교룡산 동남쪽 남원 시내 동충동(東忠洞) 일대에 해당하는 것으로 보이며 '남원역 폐역'이 읍성의 북문 부근이었을 것으로 짐작된다. 읍성 안쪽에는 객사와 동헌·행정청들이 있다. 도로와 하천이 있어 교통이 편리한 남문과 동문 쪽에 행정청이 위치한 것이 특징이다. 행정청 중 먼저 남문 가까이에 보민청(補民廳)과 연호청(烟戶廳)이 보인다. 보민청은

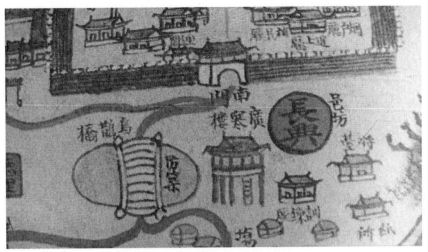
'남원부 지도'에 그려진 광한루와 오작교

지방 백성들을 위한 구제기관이고, 연호청은 부역을 담당하고 관리하던 곳이다. 이 두 건물 뒤로 향리들의 근무처인 작청(作廳)이 위치해 있다. 이곳도 백성들의 출입이 잦은 곳이었다. 북문 쪽에는 지방 유지나 선비들이 드나들었던 자문기관 향청(鄕廳)이 있다.

현재의 광한루는 1638년(인조 16)에 부사 신감(申鑑)이 재건한 것이다. 인조 대 복원한 이후, 숙종 대에 이르러 춘향이의 이야기가 전해지면서 광한루는 다시 그 명성을 떨치게 됐다. 소문난 절경뿐만 아니라 춘향이와 이몽룡의 사랑이 대표되는 공간으로 기억하게 된 것이다.

주

1) 『신증동국여지승람(新增東國輿地勝覽)』 제3권 「동국여지비고」 제2편 한성부(漢城府)

2) 순조 연간에 효명세자의 입학식 과정은 그림으로 그려져 '왕세자입학도'라는 제목으로 전하고 있다.

3) 『대례의궤』는 모두 9권을 제작해 규장각, 시강원, 비서원, 장례원, 네 곳의 사고, 원구단 등 아홉 곳에 보관하였다.

4) 이범직, 『한국중세예사상연구』, 133쪽, 일조각, 1991.

5) 인조와 장렬왕후, 숙종과 인현왕후, 숙종과 인원왕후, 영조와 정순왕후, 순조와 순원왕후, 헌종과 효현왕후, 헌종과 효정왕후, 철종과 철인왕후, 고종과 명성왕후의 혼례식이 조선 후기 의궤로 기록된 왕의 혼례식이다.

6) 이들 의궤는 540종의 의궤 중 188종을 차지한다. (『규장각소장의궤종합목록』, 20쪽, 서울대규장각, 2002.)

7) 왕실의 추숭·존숭과 관련한 의궤는 '왕실의 활동'이라는 분류에 들어가도 무방할 것이다. 다만 이 분야를 하나의 범주로 하여 의궤를 분류하는 것이 타당하다고 생각한다.

8) 특히 잔치 관련 의궤는 활자본으로 제작하여, 그 종수(진연 3종, 진찬 9종, 진작 4종)에 비해 볼 때 의궤의 책수는 가장 많이 남아 있는 경우다.

9) 한영우, 『정조의 화성 행차 그 8일』, 효형출판, 1998.

10) 『택리지』, 산수편: 全羅則南原蓼川 … 腴壤名村 多世居土豪

큰글자 살림지식총서 080

전통 명품의 보고, 규장각

펴낸날	초판 1쇄 2013년 4월 12일
	초판 2쇄 2018년 4월 6일

지은이	신병주
펴낸이	심만수
펴낸곳	(주)살림출판사
출판등록	1989년 11월 1일 제9-210호

주소	경기도 파주시 광인사길 30
전화	031-955-1350 팩스 031-624-1356
홈페이지	http://www.sallimbooks.com
이메일	book@sallimbooks.com

ISBN	978-89-522-2417-0 04080
	978-89-522-3549-7 04080 (세트)

※ 이 책은 큰 글자가 읽기 편한 독자들을 위해
   글자 크기 14포인트, 4×6배판으로 제작되었습니다.

376 좋은 문장 나쁜 문장

송준호(우석대 문예창작학과 교수)

어떻게 좋은 문장을 쓸 수 있을 것인가? 우선 좋은 문장이 무엇이고 그렇지 못한 문장은 무엇인지 알아야 할 것이다. 대학에서 글쓰기 강의를 오랫동안 해 온 저자가 수업을 통해 얻은 풍부한 사례를 바탕으로 문장교육을 제대로 받지 못한 독자들에게 좋은 문장으로 가는 길을 제시하고 있다.

051 알베르 카뮈

유기환(한국외대 불어과 교수)

알제리에서 태어난 프랑스인, 파리의 이방인 알베르 카뮈에 대한 충실한 입문서. 프랑스 지성계에 혜성처럼 등장한 카뮈의 목소리는 늘 찬사와 소외를 동시에 불러왔다. 그 찬사와 소외의 이유, 그리고 카뮈의 문학, 사상, 인생의 이해와, 아울러 실존주의, 마르크스주의 등 20세기를 장식한 거대담론의 이해를 돕는 책.

052 프란츠 카프카

편영수(전주대 독문과 교수)

난해한 글쓰기와 상상력으로 문학사에 커다란 발자취를 남긴 카프카에 관한 평전. 잠언에서 중편 소설 「변신」 그리고 장편 소설 『실종자』와 『소송』 그리고 『성』에 이르기까지 카프카의 거의 모든 작품에 대한 해석을 담고 있다. 또한 이 책은 카프카의 잠언과 노자의 핵심어인 도(道)의 연관성을 추적하는 등 새로운 관점도 보여 준다.

271 김수영, 혹은 시적 양심

이은정(한신대 교양학부 교수)

힘과 새로움으로 가득 차 있는 김수영의 시 세계. 그 힘과 새로움의 근원을 알아보고 지금까지와는 다른 새로운 독법으로 그의 시 세계를 살펴본다. 그와 그의 시에 대해 깊은 애정을 가진 저자는 김수영의 이해를 위한 충실한 안내자 역할을 자처한다. 김수영의 시 세계를 향해 한 발 더 들어가 보고자 하는 독자들에게 유익한 책이다.

369 도스토예프스키 eBook

박영은(한양대학교 HK 연구교수)

『카라마조프가의 형제들』과『죄와 벌』로 유명한 러시아의 대문호 도스토예프스키. 그의 작품에 등장하는 생생한 인물들은 모두 그의 힘들었던 삶의 경험과 맞닿아 있다. 한 편의 소설 같은 삶을 살았으며, 삶이 곧 소설이었던 작가 도스토예프스키의 생의 한가운데 서서 그 질곡과 영광의 순간이 작품에 어떻게 드러나는지를 살펴본다.

245 사르트르 참여문학론 eBook

변광배(한국외대 불어과 강사)

사르트르의『문학이란 무엇인가』에서 전개된 참여문학론을 소개하면서 억압받는 자들을 위한다는 기치를 높이 들었던 참여문학론의 의미를 성찰한다. 참여문학론의 핵심을 이루는 타자를 위한 문학은 자기 구원의 메커니즘에 문제가 생겼을 때 이 문제를 해결하고, 그 메커니즘을 보충하는 이차적이고도 보조적인 문학론이라고 말한다.

338 번역이란 무엇인가 eBook

이향(통역사)

번역에 대한 관심이 날로 늘어 가고 있다. 추상적이거나 어렵게 느껴지는 번역 이론서들, 그리고 쉽게 읽히지만 번역의 전체 그림을 바라보기에는 부족하게 느껴지는 후일담들 사이에 다리를 놓는 이 책은 번역의 이론과 실제를 동시에 접하여 번역의 큰 그림을 그리고자 하는 독자들에게 안성맞춤이다.

446 갈매나무의 시인, 백석 eBook

이숭원(서울여대 국문과 교수)

남북분단 이후 북에 남았지만, 그를 기리는 많은 이들의 노력으로 백석은 현재 우리나라에서 가장 주목받는 시인 중 한 사람이다. 이 책은 시인을 이해하는 많은 방법 중 '작품'을 통해 다가가기를 선택한 결과물이다. 음식 냄새 가득한 큰집의 정경에서부터 '흰 바람벽'이 오가던 낯선 땅 어느 골방에 이르기까지, 굳이 시인의 이력을 들춰보지 않더라도 그의 발자취가 충분히 또렷하다.

053 버지니아 울프 살아남은 여성 예술가의 초상　eBook

김희정(서울시립대 강의전담교수)

자신만의 독창적인 글쓰기 방식을 남기고 여성작가로 살아남는다는 것이 어떤 의미를 갖는지를 보여 준 버지니아 울프와 그녀의 작품세계에 관한 평전. 작가의 생애와 작품이 어우러지는 지점들을 추적하는 방식으로, 모더니즘 기법으로 치장된 울프의 언어 저변에 숨겨진 '여자이기에' 쉽게 동감할 수 있는 메시지들을 해명한다.

018 추리소설의 세계

정규웅(전 중앙일보 문화부장)

추리소설의 역사는 오이디푸스 이야기까지 거슬러 올라간다. 저자는 고전적 정통 기법에서부터 탐정의 시대를 지나 현대에 이르기까지 추리소설의 역사와 계보를 많은 사례를 들어 재미있게 설명하고 있다. 추리소설의 'A에서 Z까지', 누구나 그 추리의 세계로 쉽게 빠져들게 하는 책이다.

199 디지털 게임 스토리텔링　eBook

한혜원(이화여대 디지털미디어학부 교수)

디지털 시대의 새로운 이야기 양식을 소개한 책. 디지털 패러다임의 중심부에 게임이 있다. 이 책은 디지털 게임의 메커니즘을 이야기 진화의 한 단계로서 설명한다. 게임의 역사에 있어서 중요한 패러다임의 변화, 게임이라는 새로운 지평에서 펼쳐지는 새로운 이야기 양식에 대한 분석 등이 흥미롭게 소개된다.

326 SF의 법칙

고장원(CJ미디어 콘텐츠개발국 국장)

과학의 시대다. 소설은 물론이거니와 영화, 애니메이션, 만화, 게임 등 온갖 형태의 콘텐츠가 SF 장르에 손대고 있다. 하지만 SF 콘텐츠가 각광을 받고 있는 것에 비해 이 장르에 대한 깊이 있는 이해를 도울 만한 마땅한 가이드북이 존재하지 않는다. 이 책은 이러한 아쉬움을 채워주기 위한 작은 출발점이 될 것이다.

eBook 표시가 되어있는 도서는 전자책으로 구매가 가능합니다.

(주)살림출판사
www.sallimbooks.com
주소 경기도 파주시 문발동 522-1 | 전화 031-955-1350 | 팩스 031-955-1355